Bun go Barr

6

CJFallon

C J Fallon
Bloc B - Urlár na Talún
Campas Oifige Gleann na Life
Baile Átha Cliath 22

An Chéad Eagrán Iúil 2008
An tEagrán seo Aibreán 2009

I gcás chorrcheann de na dánta istigh, níor éirigh linn foinse an chóipchirt a aimsiú. Beidh áthas orainn na gnáthshocruithe a dhéanamh ina dtaobh siúd ach an t-eolas cuí a chur in iúl dúinn.

Ealaíontóir: Jon Anthony Donohoe

Na Siombailí

Faightear na siombailí seo a leanas i dtús gach gníomhaíochta sa leabhar. Is í príomhaidhm na siombaile ná lámh chuidithe a thabhairt do mhúinteoirí, do pháistí agus do thuismitheoirí uile.

 Caint agus comhrá / Foclóir breise

 Cúpla ceist / Ceisteanna

 Nathanna cainte

 Scríbhneoireacht

 Gníomhaíochtaí

 Gramadach/Nod don eolach!

 Léitheoireacht

 Dánta

 Drámaíocht

Clár

Na Carachtair

Aoife   Brian   Niall   Eimear   Tomás   Cáit

Gordó

Siobhán   Colm   Dónal   Rossa   Neasa   Clíona   Séimí

Mamaí   Daidí   Mamó   Daideo   Aintín Orla

Nótaí don Oide

Nuachúrsa Gaeilge don bhunscoil is ea **Bun go Barr** ina bhfuil tús áite ag taitneamh, tuiscint agus teanga. Tá deich gcinn de théamaí a bhfuil baint acu le saol an pháiste luaite sa churaclam. Is ar na téamaí sin atá na haonaid sna leabhair bunaithe:

- Mé Féin
- Bia
- Sa Bhaile
- An Teilifís
- An Scoil

- Éadaí
- Caitheamh Aimsire
- Siopadóireacht
- An Aimsir
- Ócáidí Speisialta

Tá éisteacht, labhairt, léitheoireacht, scríbhneoireacht, drámaíocht, filíocht agus gníomhaíochtaí fite fuaite i ngach ceacht. Déantar athdhéanamh stráitéiseach sa cheacht *Súil Siar* i ngach cúigiú haonad.

Tá na heilimintí seo a leanas i ngach ceacht.

Pictiúr	Tá pictiúir agus fophictiúir bunaithe ar shaol an pháiste i ngach aonad. Ócáid chainte is ea gach pictiúr. Is féidir leis an múinteoir agus na páistí ceisteanna a chur ar a chéile agus iad a fhreagairt. As seo, fásann forbairt foclóra agus tuiscint. Leagann an comhrá seo an bhunchloch don scéal.
Scéal	Tá an ceacht léitheoireachta bunaithe ar na pictiúir agus na fophictiúir. Is minic a bhíonn agallamh nó comhrá mar chuid den scéal agus ba chóir, mar sin, dráma beag a dhéanamh as gach ceacht.
Cúpla Ceist	Tá ceisteanna simplí bunaithe ar gach scéal agus tugann sé seo seans do na páistí a dtuiscint ar an scéal a léiriú. Ba chóir na ceisteanna a fhreagairt ó bhéal ar dtús agus ansin iad a scríobh. Go minic, tugtar an briathar do na páistí chun cuidiú leo.
Nathanna	Múintear na nathanna nua mar chuid den cheacht. Cuirtear an-bhéim ar na nathanna cainte agus na frásaí a úsáidtear go nádúrtha i ngnáthchaint na bpáistí. Ba chóir do na leanaí agus don mhúinteoir na nathanna céanna a úsáid go rialta i rith an lae.
Scríbhneoireacht	Cuirtear béim faoi leith ar na briathra mar bhunchloch na habairte. Ba chóir do na páistí an foclóir nua (ainmfhocail, briathra, nathanna srl.) a úsáid agus iad ag cumadh abairtí. Úsáidtear abairtí measctha agus iomlánú abairtí chun an scríbhneoireacht a fhorbairt.
Gramadach	Tugann na ceachtanna gramadaí rialacha agus structúir do na leanaí a chuideoidh leo tuiscint a fháil ar an nGaeilge. De ghnáth, bíonn an ceacht gramadaí ar an gcúigiú leathanach de gach aonad.
Gníomhaíocht	Críochnaíonn gach ceacht le cleachtaí breise, cluichí, filíocht nó foclóir breise. Tugann siad seo taitneamh agus tuiscint ar an nGaeilge do na páistí.
Drámaíocht	Cuidíonn an drámaíocht leis na páistí taitneamh agus tuiscint ar an nGaeilge a fhorbairt trí chaidreamh soisialta. Tugtar deis dóibh an Ghaeilge neamhfhoirmiúil agus na nathanna a múintear sa cheacht a úsáid i gcomhthéacsanna éagsúla.

1. Mo Chlann

A  **Léigh an scéal.**

Dia duit. Is mise Dónal de Búrca.
Táim aon bhliain déag d'aois.

Táim i rang a sé.
Táim i Scoil Bhríde.

Táim i mo chónaí i Sráid Pharnell
sa bhaile mór.

Tá madra agam sa bhaile. Dalmó is ainm dó.
Tá hamstar agam freisin. Gug is ainm dó.

Tá ochtar i mo chlann.
Tá triúr deartháir agus beirt deirfiúr agam.
Peadar, Maitiú agus Marcus is ainm do na buachaillí.
Ciara agus Sinéad is ainm do na cailíní.
Tá Peadar agus Ciara níos sine ná mise.
Tá Maitiú, Marcus agus Sinéad níos óige ná mise.
Is cúpla iad Maitiú agus Marcus.

Tá Scoil Bhríde i lár an bhaile.
Siúlaim ar scoil gach lá le mo
dheartháireacha Maitiú agus Marcus.
Tá Maitiú agus Marcus ocht mbliana d'aois.
Tá siad i rang a dó.

Téann Peadar agus Ciara go dtí an mheánscoil.
Rothaíonn siad ar scoil.
Tá Peadar san idirbhliain agus
tá Ciara sa chéad bhliain.
Is breá leo an mheánscoil.

Níl Sinéad ach trí bliana d'aois agus níl sí ar scoil fós. Téann sí go dtí an naíonra mar oibríonn mo Mhamaí i monarcha.

Oibríonn mo Dhaidí i mBaile Átha Cliath. Fágann sé an teach go luath ar maidin. Tógann sé an traein agus filleann sé abhaile um thráthnóna. Oibríonn sé sa bhaile ar an Déardaoin agus ar an Aoine.

Seo iad mo chairde. Rossa, Neasa, Niall, Aoife, Brian agus Siobhán is ainm dóibh. Tá an seisear acu i rang a sé liomsa.

Is iomaí rud a thaitníonn liom. Táim ar fhoireann pheile na scoile. Bíonn peil ar siúl gach Luan. Canaim sa chór scoile ar an Máirt. Téim go dtí an leabharlann ar an gCéadaoin. Imrím ficheall ar an Déardaoin. Tógaim sos ar an Aoine!

Ag an deireadh seachtaine imrím peil leis an gcumann peile. Uaireanta téim ag siopadóireacht le mo chairde. Téann an seisear againn go dtí an t-ionad siopadóireachta. Nuair a bhíonn scannán maith ar siúl, téimid go dtí an phictiúrlann. Nach breá an saol atá agam!

B Cúpla ceist

1. Cén aois é Dónal?

   Tá sé _____

2. Cén rang ina bhfuil sé?

   Tá sé _____

3. Cá bhfuil sé ina chónaí?

   _____

4. Cad iad na hainmhithe atá ag Dónal sa bhaile?

   _____

5. Cé mhéad páiste ina chlann?

   _____

6. Cá bhfuil Scoil Bhríde?

   _____

7. Cé a théann go dtí an mheánscoil?

   _____

8. Cá n-oibríonn máthair Dhónail?

   _____

9. An bhfuil Dónal ar fhoireann chispheile na scoile?

   _____

10. An mbíonn peil ar siúl gach Luan?

    _____

C Líon na bearnaí.

| Siúlaim | Fágann | Rothaíonn | Tógann | Téim | Imrím |

1. _____ peil sa chlós ag am lóin.

2. _____ go dtí an leabharlann gach seachtain.

3. _____ ar leaba ar a naoi a chlog gach oíche.

4. _____ Daidí an traein gach maidin.

5. _____ na páistí ar scoil gach lá.

6. _____ Mamaí an teach ar a hocht a chlog.

Nathanna Nua

D  **Is breá liom a bheith ag léamh.**

| ag imirt peile | ag snámh | ag iascaireacht | ag bádóireacht |

1. Is breá liom a bheith _____.

2. Is breá liom a bheith _____.

3. Is breá liom a bheith _____.

4. Is breá liom a bheith _____.

E  **Is breá leo an mheánscoil.**

| uachtar reoite | cumann peile | an samhradh | an phictiúrlann |

1. Is breá leo _____.

2. Is breá leo _____.

3. Is breá leo _____.

4. Is breá leo an _____.

F  **Nach breá an saol atá agam!**

		Tarraing
Nach breá an saol atá agam!	Nach breá an saol atá agam!	Nach breá an saol atá agam!

G **Caint is comhrá**

1. An bhfuil saol maith agat?
2. Conas a théann tú ar scoil?
3. Cad a dhéanann tú gach lá tar éis scoile?
4. Cá mbeidh tú ag dul ar an meánscoil?

Briathra Aon Siolla Le Foghlaim

Aimsir Láithreach

Glanaim an chistin gach lá.

mé:	Glanaim an chistin gach lá.
tú:	Glanann tú an chistin gach lá.
sé:	Glanann sé an chistin gach lá.
sí:	Glanann sí an chistin gach lá.
sinn:	Glanaimid an chistin gach lá.
sibh:	Glanann sibh an chistin gach lá.
siad:	Glanann siad an chistin gach lá.

Dúnaim an doras gach lá.

Scríobh na habairtí.
Dúnaim an doras gach lá.
Dúnann tú an doras gach lá.
_____
_____
Dúnaimid an doras gach lá.
_____
_____

Caithim bróga gach lá.

mé:	Caithim bróga gach lá.
tú:	Caitheann tú bróga gach lá.
sé:	Caitheann sé bróga gach lá.
sí:	Caitheann sí bróga gach lá.
sinn:	Caithimid bróga gach lá.
sibh:	Caitheann sibh bróga gach lá.
siad:	Caitheann siad bróga gach lá.

Rithim abhaile gach lá.

Scríobh na habairtí.
Rithim abhaile gach lá.
Ritheann tú abhaile gach lá.
_____
_____
Rithimid abhaile gach lá.
_____
_____

I **Scríobh na Briathra.**

-aim – aimid		-im – imid	
Canaim	Canaimid	Cuirim	Cuirimid
Dúnaim		Brisim	
	Féachaimid		Éistimid
Preabaim		Léimim	
	Seasaimid	Caillim	
Tógaim			Nímid
	Fágaimid	Glaoim	

J   Athscríobh na habairtí.

1.   ar scoil   le mo chairde   Siúlaim   gach lá.

_____

2.   peil   Imrím   ar an Déardaoin.   i gclós na scoile

_____

3.   an leabharlann   go dtí   ag an deireadh seachtaine.   Téim

_____

4.   mo dheirfiúr   gach maidin.   Fágann   ar a hocht a chlog   an teach

_____

5.   sa seomra ranga   an múinteoir   gach tráthnóna.   Oibríonn

_____

6.   an fiaclóir   gach lá.   an traein   Tógann   go dtí an baile mór

_____

K   Foclóir breise   Mo chlann

- mo Mhamaí…..mo mháthair
- mo Dhaidí……m'athair
- mo dheirfiúr……mo dheirfiúracha
- mo dheartháir…..mo dheartháireacha

- mo Mhamó…..mo sheanmháthair
- mo Dhaideo….mo sheanathair
- m'aintín   ● mo chol ceathrar
- m'uncail

L Nod don eolach!

An bhfuil…?

Cá bhfuil…?

Tá…   Níl…

Níl a fhios agam…   B'fhéidir go bhfuil…

 Drámaíocht

Cum dráma beag agus bain úsáid as na frásaí seo:

- Conas tá tú?
- Cá bhfuil….?
- Is breá liom…
- Is iomaí rud a thaitníonn liom.
- Nach breá an saol atá agam.

Seanfhocal na Seachtaine: **Tús maith, leath na hoibre.**

2. Ag an Margadh

Léigh an scéal.

píotsa

iasc

glasraí

torthaí

cáis

Bhí sé a hocht a chlog ar maidin agus bhí Daidí agus na páistí ag an margadh bia sa bhaile mór. Bhí gach saghas bia ar díol ag na stallaí. Shiúil an chlann ó stalla go stalla. 'Ar aghaidh linn,' arsa Daidí.

Chuaigh siad go dtí an stalla éisc ar dtús. 'Ní maith liom iasc in aon chor,' arsa Ciara. 'Is breá liomsa iasc,' arsa Maitiú agus Marcas d'aonghuth. Cheannaigh Daidí beagán sushi do na buachaillí.

Leathóg
Bradán
Breac
Cadóg
Iasc Sliogán
Sushi

Chuaigh an chlann go dtí an stalla feola. Bhí deich euro airgead póca ag Peadar. Cheannaigh sé liamhás agus beagán salami. Chuir sé isteach sa mhála iad.

Nuair a shroich siad an stalla glasraí, cheannaigh Daidí prátaí, cairéid, meacain bhána agus cóilis. 'Déanfaidh mé anraith glasraí don dinnéar amárach,' arsa Daidí. Cheannaigh Peadar piobar, beacáin agus cúirséad. Chuir sé steach sa mhála iad.

Tá tú cosúil le hiora rua ag bailiú bia!

Déanfaidh mé píotsa breá folláin don dinnéar anocht.

Tar éis tamaill, shroich siad an stalla idirnáisiúnta. Bhí bia de gach sórt ann. Bhí cáis, píotsa agus pasta ón Iodáil ar díol ann. Cheannaigh Peadar cáis agus chuir sé ina mhála é.

Bhí áthas an domhain ar gach éinne.
'Ba mhaith liom a bheith i mo
phríomhchócaire', arsa Peadar.
'Is breá liom a bheith ag cócaireacht'.

Ar aghaidh leo go dtí an stalla torthaí.
Bhí bean amháin ag glaoch in ard a gutha,
'úlla agus oráistí! úlla agus oráistí!'
Bhí bean eile ag glaoch, 'bananaí ar díol,
dhá euro an ghlac!'

Bhí fear óg tanaí ina sheasamh ag an stalla torthaí.
Cheannaigh sé cúpla úll. Ní dúirt sé 'go raibh
maith agat'. Ní dúirt sé 'más é do thoil é'.

Nuair a thug sé euro don bhean ag
an stalla, thit an t-airgead ar an talamh.
Níor phioc an fear óg suas é, ach chas sé
timpeall agus d'imigh sé leis. Chrom Daidí
síos agus phioc sé suas an t-airgead.
Thug sé an euro don bhean ag an stalla.

Go tobann, chuala na páistí scread.
Chas siad timpeall agus chonaic siad
an fear óg ar an talamh.
Bhí craiceann banana ar an talamh freisin.

D'éirigh an fear óg go mall.
Bhí náire an domhain air. Bhí gach éinne ag
stánadh air. Chas na páistí timpeall arís agus
chonaic siad an bhean ag an stalla ag caint lena
cara. 'Múinfidh sé sin ceacht dó,' ar sise
agus meangadh gáire ar a haghaidh.

B ![icon] Cúpla ceist

1. Cá raibh an margadh bia ar siúl?

   _____

2. An maith le Ciara iasc?

   _____

3. Cé mhéad airgead póca a bhí ag Peadar?

   _____

4. Cé a cheannaigh na prátaí?

   _____

5. Cá raibh an cháis ar díol?

   _____

6. Cé mhéad a bhí ar na bananaí?

   _____

7. Céard a thit ar an talamh?

   _____

8. Cé a phioc suas an t-airgead?

   _____

9. Cé a thit ar an talamh?

   _____

10. An raibh áthas ar an bhfear óg? Cén fáth?

    _____

C ![icon] Líon na bearnaí.

| Thug | chuaigh | Shroich | Níor cheannaigh | Shiúil | Phioc |

1. _____ an chlann an margadh bia ar a naoi a chlog.

2. _____ an bhean óg deich euro don siopadóir.

3. _____ an seanfhear go dtí an gort mór cois na habhann.

4. Tar éis tamaill, _____ an triúr acu ar ais go dtí an stalla glasraí.

5. _____ na páistí suas an bruscar sa seomra ranga.

6. _____ Daideo na glasraí san ollmhargadh.

Nathanna Nua

D **Ba mhaith liom a bheith i mo phríomhchócaire.**

1. peileadóir: Ba mhaith liom a bheith i mo _____.

2. feirmeoir: Ba mhaith liom a bheith ____ _____ _____.

3. gruagaire: Ba mhaith liom a bheith ____ _____ _____.

4. garda: Ba mhaith liom ____ _____ _____ _____.

E **Bhí bia de gach sórt ann.**

			Tarraing
Bhí bréagáin de gach sórt ann.	Bhí ainmhithe de gach sórt ann.	Bhí éadaí de gach sórt ann.	Bhí _____ de gach sórt ann.

F **Déanfaidh mé píotsa breá folláin don dinnéar anocht.**

ceapaire folláin	borróga	arán tíortha	cupán deas tae	sailéad torthaí

1. Déanfaidh mé _____ don bhricfeasta ar maidin.

2. Déanfaidh mé _____ don lón amárach.

3. Déanfaidh mé _____ don mhilseog tráthnóna.

4. Déanfaidh mé _____ don tae inniu.

5. Déanfaidh mé _____ don suipéar anocht.

G **Caint is comhrá**

1. An raibh tu riamh ag an margadh?

2. Cén sórt stallaí a bhí ann?

3. Cad a bhí ar díol ann?

4. Ar cheannaigh tú aon rud?

11

Tosaím ag obair gach lá.   Rothaím ar scoil gach lá.

Scríobh na habairtí.

mé:	Tosaím ag obair gach lá.
tú:	Tosaíonn tú ag obair gach lá.
sé:	Tosaíonn sé ag obair gach lá.
sí:	Tosaíonn sí ag obair gach lá.
sinn:	Tosaímid ag obair gach lá.
sibh:	Tosaíonn sibh ag obair gach lá.
siad:	Tosaíonn siad ag obair gach lá.

Rothaím ar scoil gach lá.
Rothaíonn tú ar scoil gach lá.
_____
_____
Rothaímid ar scoil gach lá.
_____
_____

Dúisím go moch gach lá.   Bailím duilleoga gach lá.

Scríobh na habairtí.

mé:	Dúisím go moch gach lá.
tú:	Dúisíonn tú go moch gach lá.
sé:	Dúisíonn sé go moch gach lá.
sí:	Dúisíonn sí go moch gach lá.
sinn:	Dúisímid go moch gach lá.
sibh:	Dúisíonn sibh go moch gach lá.
siad:	Dúisíonn siad go moch gach lá.

_____
Bailíonn tú duilleoga gach lá.
_____
_____
Bailímid duilleoga gach lá.
_____

I **Scríobh na Briathra.**

-aím – aímid		-ím – ímid	
Rothaím	Rothaímid	Bailím	Bailímid
Gortaím		Síním	
	Ceannaímid	Dúisím	
Ordaím			Imímid
	Críochnaímid	Cuidím	
Ullmhaím			Moillímid
	Brostaímid	Éirím	

12

J **Bhí ionadh an domhain ar Cháit.**

ionadh	náire	díomá	tuirse	bród	fearg	eagla

 1. Bhí _____ an domhain ar Rossa, mar _____
_____ .

2. Bhí _____ an domhain ar Eimear, mar _____
_____.

 3. Bhí _____ an domhain ar Cháit, mar _____
_____ .

4. Bhí _____ an domhain ar Thomás, mar _____
_____.

 5. Bhí _____ an domhain ar Neasa, mar _____
_____ .

6. Bhí _____ an domhain ar Shiobhán, mar _____
_____.

 7. Bhí _____ an domhain ar Cholm, mar _____
_____ .

K **Nod don eolach!**

An maith leat…?

Is maith liom… Ní maith liom…

Ar mhaith leat…?

Ba mhaith liom… Níor mhaith liom…

 Drámaíocht

Cum dráma beag agus bain úsáid as na frásaí seo:

- Ar aghaidh linn.
- Ba mhaith liom a bheith…
- Déanfaidh mé…
- Go raibh maith agat.
- Tá tú cosúil le…

Seanfhocal na Seachtaine: **Filleann an feall ar an bhfeallaire.**

3. Scéalta Dhaideo

A  Léigh an scéal.

Bhí Mamó an-tinn. Bhí sí ag dul isteach san ospidéal chun obráid a bheith aici.

Tháinig Daideo ar cuairt chuig Mamaí, Daidí agus na páistí. Um thráthnóna, shuigh sé sa seomra suí agus d'inis sé scéalta do na páistí.

Oíche amháin, bhí na páistí ag féachaint ar an teilifís. Bhí Daideo ag titim ina chodladh os comhair na tine. Mhúch na páistí an teilifís. Dhúisigh siad Daideo.

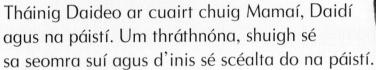

Clíona	Inis scéal eile dúinn, a Dhaideo.
Daideo	Á, tá tuirse orm anocht, a Chlíona.
Clíona	Scéal amháin – scéal beag amháin!
Daideo	Maith go leor... scéal beag amháin.

Thug Rossa cupán tae agus cúpla briosca do Dhaideo. Bhí áthas ar Dhaideo agus thosaigh sé ag caint.

Lá amháin i dtús an fhómhair, bhí mé ag taisteal ar an traein ó Thrá Lí go Cill Áirne. Bhí mé cúig bliana d'aois agus bhí mo mháthair in éineacht liom. Bhí liathróid i mo lámh agam. Bhí seanfhear ina shuí in aice liom sa charráiste agus bhí madra ag a chosa.

Nuair a stop an traein ag an stáisiún, thosaigh mé ag súgradh leis an madra. Chaith mé an liathróid chuig an madra agus rug sé uirthi. Bhí an-spórt againn. Go tobann, phreab mé an liathróid agus rollaigh sí amach an doras agus síos ar an ardán. Rith an madra ina diaidh. Leis sin, shéid an garda an fheadóg, dhún sé an doras agus d'fhág an traein an stáisiún.

Bhí an madra beag fós ar an ardán, ach bhí an liathróid imithe. Faoin am seo, bhí díomá an domhain orm agus ní raibh an seanfhear ró-shásta ach an oiread.

Nuair a stop an traein ag an gcéad stáisiún eile, leath na súile orainn. Cad a bhí ina sheasamh ar an ardán, ach an madra céanna agus an liathróid ina bhéal!

Leath na súile ar na páistí.
Bhí Daideo ag miongháire.

Clíona	An fíorscéal é sin a Dhaideo?
Daideo	Sea, go deimhin. Nach raibh mé féin ann?
Rossa	An bhfuil tú i ndáiríre, a Dhaideo?
Daideo	Chonaic mé é le mo dhá shúil féin.
Neasa	Níl tú i ndáiríre, a Dhaideo. Tá tú ag magadh.
Daideo	Sin é mo scéal agus má tá bréag ann, bíodh.
	Suas libh chun na leapa anois.
Páistí	Oíche mhaith agus codladh sámh.

B   Cúpla ceist

1. Cén fáth ar tháinig Daideo ar cuairt?

   _____

2. Cé a bhí ag féachaint ar an teilifís?

   _____

3. Cad a thug Rossa do Dhaideo?

   _____

4. Cé a bhí ag taisteal ar an traein ó Thrá Lí go Cill Áirne?

   _____

5. Cad a bhí ina lámh ag Daideo?

   _____

6. Cár stop an traein?

   _____

7. Cad a tharla nuair a phreab Daideo an liathróid?

   _____

8. Cé a shéid an fheadóg?

   _____

9. Nuair a stop an traein ag an gcéad stáisiún eile, cad a bhí ar an ardán?

   _____

10. An raibh Daideo i ndáiríre, dar leat?

    Dar liom, _____

C   Líon na bearnaí.

| Tháinig | D'inis | Dhún | D'fhág | Shéid | Rug |

1. _____ an traein an stáisiún ar a deich a chlog.

2. _____ an cigire ar cuairt go dtí an seomra ranga.

3. _____ an réiteoir an fheadóg ag leath-am.

4. _____ an múinteoir cúpla scéal do na páistí.

5. _____ an cat ar luch sa ghairdín inné.

6. _____ an príomhoide doras na scoile agus chuaigh sí abhaile.

Nathanna Nua

D Seo leat.. **Leath na súile ar na páistí nuair a chuala siad an scéal.**

> thosaigh an múinteoir ag scipeáil
> chonaic siad brat bán sneachta
> ar an talamh
>
> chonaic siad an taibhse
> thosaigh an madra mór
> fíochmhar ag tafann

1. Leath na súile ar na páistí nuair a _____.

2. Leath na súile ar na páistí nuair a _____.

3. Leath na súile ar na páistí nuair a _____

_____.

4. Leath na súile ar na páistí nuair a _____

_____.

E Seo leat.. **Cad a bhí ina sheasamh ar an ardán ach...**

> ina sheasamh ag an doras
> ina shuí ar an trá
>
> ag rith sa pháirc
> ina chodladh ar an leaba

1. Cad a bhí _____, ach Gordó an madra.

2. Cé a bhí _____, ach fear an phoist.

3. Cad a bhí _____, ach an madra mór fíochmhar.

4. Cé a bhí _____, ach na múinteoirí.

F **Caint is comhrá**

1. Cá bhfuil cónaí ar do Dhaideo agus do Mhamó?
2. An dtagann siad ar cuairt go dtí do theach?
3. An dtéann tú ar cuairt chucu?
4. An insíonn siad scéalta duit?
5. An raibh an scéal a d'inis Daideo fíor nó bréagach?

G Briathra Aon Siolla   Aimsir Láithreach
Le Foghlaim

Aimsir Chaite	Aimsir Láithreach	Aimsir Chaite	Aimsir Láithreach
Inné	Gach Lá	Inné	Gach Lá
Thóg mé	Tógaim	Ghlaoigh mé	Glaoim
D'fhág mé	Fágaim	Léigh mé	Léim
D'ól mé	Ólaim	Shuigh mé	Suím
Dhún mé	Dúnaim	Chuir mé	Cuirim
D'fhéach mé	Féachaim	Rith mé	Rithim
Ghlan mé	Glanaim	Dhoirt mé	Doirtim
Phreab mé	Preabaim	D'éist mé	Éistim

H Léigh an scéal.

Rith mé isteach sa seomra bia inné. Thóg mé leabhar den tseilf. Léigh mé
an leabhar ar feadh tamaill. Ansin d'fhág mé an leabhar ar an mbord. Thóg mé
amach fón póca agus ghlaoigh mé ar mo chara, Colm. Shuigh mé síos agus
d'éist mé le CD nua. Isteach liom sa chistin ansin. Dhoirt mé uisce isteach
sa chiteal agus chuir mé an citeal ar siúl. D'ól mé cupán tae. Dhún mé an doras
agus d'fhéach mé ar an teilifís. Tár éis leath uair an chloig, ghlan mé m'fhiacla.
Chuir mé orm mo chulaith oíche agus phreab mé isteach sa leaba.

I 🖍 I do chóipleabhar, scríobh an scéal san aimsir láithreach ag tosú mar seo: Rithim isteach sa seomra bia gach lá.

J 🖍 Cum abairtí.

1. Ólaim _____

2. Féachaim _____

3. Cuirim _____

4. Tógaim _____

5. Glanaim _____

K Athscríobh na habairtí.

1. sa seomra suí.   ag féachaint   Oíche amháin   an dochtúir   bhí   ar an teilifís

_____

2. an garda   cupán tae   inniu.   don siopadóir   agus   Thug   cúpla briosca

_____

3. ag titim   Bhí   inné.   an rúnaí   os comhair na tine   ina codladh

_____

4. nuair a   na páistí   Leath na súile ar   an scéal.   chuala siad

_____

5. an traein   ar maidin.   D'fhág   ar leathuair tar éis a deich   an stáisiún

_____

6. ach an múinteoir   agus   líreacán   ar an ardán   Cé a bhí ina sheasamh   ina bhéal.

_____

7. Bhí   mar   caillte.   díomá an domhain   ar an tseanbhean   an sparán   bhí

_____

8. an liathróid   Chaith   an peileadóir   agus   an madra   rug   uirthi.

_____

L Nod don eolach!

An raibh....?   Cá raibh...?

↙   ↘

Bhí...   Ní raibh ...

B'fhéidir go raibh....

Drámaíocht

Cum dráma beag agus bain úsáid as na frásaí seo:
- An bhfuil tú i ndáiríre?
- Maith go leor.
- Sea, go deimhin.
- Tá tú ag magadh.
- Oíche mhaith.

Seanfhocal na Seachtaine: Giorraíonn beirt bóthar.

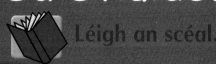

A **Léigh an scéal.**

Lá amháin i lár an earraigh, bhí comórtas amhránaíochta ar siúl sa bhaile mór. Bhí cór na scoile ag cleachtadh gach lá chuige. Chan cór na scoile trí amhrán sa chomórtas. Fuair siad ardmharcanna ó na moltóirí. Bhí áthas ar na páistí go léir agus bhí gliondar croí ar an múinteoir freisin.

Cúpla lá ina dhiaidh sin thug fear an phoist litir don mhúinteoir. Léigh sé an litir do na páistí. Leath na súile orthu nuair a chuala siad cad a bhí sa litir. Cuireadh a bhí ann ó TG4 cúpla amhrán a chanadh ar an teilifís i gcomórtas idir scoileanna.

Ag an deireadh seachtaine, chuaigh an cór chuig an stiúideo teilifíse. Bhí áthas an domhain ar an múinteoir. Bhí sceitimíní ar na páistí. Bhí siad neirbhíseach freisin. Bhí cúig chór eile ag canadh ar an gclár freisin, agus bhí corn mór agus duais míle euro don chór ab fhearr sa tír. Thosaigh an clár teilifíse ar a seacht a chlog. Chan cór na scoile dhá amhrán agus bhí siad ar fheabhas.

Ansin, shuigh na páistí síos agus d'éist siad leis na córacha eile. Bhí na córacha go léir an-mhaith ach, cé a bhuaigh an comórtas?

Nuair a bhí an comórtas thart chuaigh na moltóirí go dtí seomra speisialta. Bhí na páistí saor go dtí a naoi a chlog.

Ba mhaith liom An Nuacht a léamh!

Shiúil na páistí mórthimpeall an stáisiúin teilifíse. Bhuail siad le réaltaí scannán. Chonaic siad an seit de Ros na Rún. Bhí ionadh an domhain orthu go léir.

Chonaic siad an stiúideo nuachta freisin. Shuigh Aoife i gcathaoir an léitheora nuachta. Lig sí uirthi go raibh sí ag léamh na nuachta.

Ar a naoi a chlog thosaigh an dara leath den chlár. Tháinig na moltóirí agus na páistí ar ais go dtí an stiúideo teilifíse. Bhí gach éinne ar bís. Ghlaoigh na moltóirí na marcanna amach go mall. Bhí an marc is airde ag cór na scoile. Bhuaigh cór na scoile an corn agus an míle euro. Bhí gliondar croí ar na páistí agus bhí bród an domhain ar an múinteoir.

B Cúpla ceist

1. Cad a bhí ar siúl sa bhaile mór?

   _____

2. An bhfuair na páistí ardmharcanna?

   _____

3. Cad a thug fear an phoist don mhúinteoir?

   _____

4. Cá ndeachaigh an cór ag an deireadh seachtaine?

   _____

5. Cé mhéad cór a bhí ag canadh sa chomórtas?

   _____

6. Cé a chuaigh go dtí seomra speisialta?

   _____

7. Cén seit a chonaic na páistí?

   _____

8. Cár shuigh Aoife?

   _____

9. Cathain a thosaigh an dara leath den chlár?

   _____

10. Céard a bhuaigh cór na scoile?

    _____

C Líon na bearnaí.

| Thosaigh | Bhuaigh | D'éist | Ghlaoigh | Léigh | Chuala |

1. _____ Neasa ar a cara, Eimear inné.

2. _____ Daidí ag canadh sa seomra folctha ar maidin.

3. _____ an príomhoide na héiníní ag canadh sa pháirc inniu.

4. _____ an siopadóir leis an raidió ar maidin.

5. _____ an rúnaí céad euro sa chrannchur ar an Satharn.

6. _____ an garda an nuachtán sa pháirc ag am lóin.

Nathanna Nua

D  **Bhí gliondar croí ar na páistí, nuair a bhuaigh siad an corn.**

thug an fear óg fáinne di	scríobh Neasa aiste iontach
bhuaigh sí duais sa chrannchur	thaispeáin an múinteoir scannán dóibh

1. Bhí gliondar croí ar Mhamaí, nuair a

_____.

 2. Bhí gliondar croí ar na páistí, nuair a

_____.

3. Bhí gliondar croí ar an múinteoir, nuair a

_____.

 4. Bhí gliondar croí ar an rúnaí, nuair a

_____.

Críochnaigh na habairtí.

5. Bhí gliondar croí ar Shéimí, nuair a _____.

6. Bhí gliondar croí ar Dhaideo, nuair a _____.

E **Chuaigh siad ar ais go dtí an stiúideo teilifíse.**

leabharlann	seomra ranga	seomra gléasta	séipéal

1. Chuaigh an peileadóir ar ais go dtí an _____.

 2. Chuaigh na páistí ar ais go dtí an _____.

3. Chuaigh an múinteoir ar ais go dtí an _____.

 4. Chuaigh an sagart ar ais go dtí an _____.

F **Caint is comhrá**

1. An raibh tú riamh ar an teilifís?
2. An raibh tú riamh i stiúideo teilifíse?

3. Cén clár teilifíse is maith leat?
4. An fearr leat an teilifís ná an phictiúrlann?

23

G Briathra Rialta   Aimsir Láithreach
Le Foghlaim

Aimsir Chaite	Aimsir Láithreach	Aimsir Chaite	Aimsir Láithreach
Inné	Gach Lá	Inné	Gach Lá
Bhailigh mé	Bailím	Cheannaigh mé	Ceannaím
D'imigh mé	Imím	Chríochnaigh mé	Críochnaím
Dhúisigh mé	Dúisím	D'ullmhaigh mé	Ullmhaím
Chuidigh mé	Cuidím	Ghortaigh mé	Gortaím
D'éirigh mé	Éirím	Rothaigh mé	Rothaím
Mhoilligh mé	Moillím	Shleamhnaigh mé	Sleamhnaím

H Léigh an scéal.

Dhúisigh mé go luath inné. D'éirigh mé gan mhoill. D'ullmhaigh mé
an bricfeasta sa chistin. Bhailigh mé mo leabhair scoile agus rothaigh mé
ar scoil. Cheannaigh mé cóipleabhar i siopa na scoile. Ag am lóin, d'imigh
mé amach sa chlós. Shleamhnaigh mé ar an talamh agus ghortaigh mé
mo ghlúin. As sin amach, mhoilligh mé sa chlós. Tar éis an lóin chuidigh mé
leis an múinteoir an bord dúlra a ghlanadh. Chríochnaigh mé an obair sin
agus d'imigh mé abhaile.

I I do chóipleabhar, scríobh an scéal san aimsir láithreach ag tosú mar seo: Dúisím go luath gach lá.

J Cum abairtí.

1. Cuidím _____

2. Ullmhaím _____

3. Ceannaím _____

4. Tosaím _____

5. Dúisím _____

6. Críochnaím _____

7. Éirím _____

K  Foclóir breise

An t-earrach	An samhradh
Lá breá i dtús an earraigh ...	Lá breá i dtús an tsamhraidh ...
Lá deas i lár an earraigh ...	Lá grianmhar i lár an tsamhraidh ...
Lá amháin i ndeireadh an earraigh ...	Lá amháin i ndeireadh an tsamhraidh ...
An fómhar	**An geimhreadh**
Lá breá i dtús an fhómhair ...	Lá breá i dtús an gheimhridh ...
Lá scamallach i lár an fhómhair ...	Lá fuar i lár an gheimhridh ...
Lá amháin i ndeireadh an fhómhair ...	Lá amháin i ndeireadh an gheimhridh ...

L Críochnaigh na habairtí.

1. Lá amháin i dtús an earraigh, chuaigh _____

2. Lá grianmhar i lár an tsamhraidh, bhí _____

3. Lá gaofar i ndeireadh an fhómhair, shiúil _____

4. Lá fliuch i dtús an gheimhridh, thosaigh _____

M Nod don eolach!

Ceisteanna agus freagraí	
Faigh an briathar san abairt i gcónaí.	
Ceist	**Freagra**
Cé a bhris an fhuinneog?	Bhris ...
Cad a cheannaigh Niall sa siopa?	Cheannaigh ...
Cár rith na páistí?	Rith ...
Cén fáth ar thosaigh sé ag gáire?	Thosaigh ...
Cathain a chríochnaigh an clár?	Chríochnaigh ...

Drámaíocht

Cum dráma beag agus bain úsáid as na frásaí seo:

- Níl a fhios agam.
- Ar fheabhas!
- Chuaigh mé ar ais ...
- Maith sibh!
- Tá sé a naoi a chlog.

Seanfhocal na Seachtaine: Ní neart go cur le chéile.

Súil Siar A

A Crosfhocal

Síos:

1.

3.

4.

6.

9.

10.

11.

13.

15.

Trasna:

1. 5. 8. 12. 16. 18.

2. 7. 10.  14. 17.

B Scríobh an briathar ceart.

1. Ghlan mé / Glanaim _____ mo sheomra codlata gach Satharn.

2. Bhris / Briseann _____ an buachaill an fhuinneog inné.

3. Chaitheamar / Caithimid _____ bróga peile sa pháirc gach lá.

4. Dhúisigh mé / Dúisím _____ go luath gach maidin.

5. Ghortaigh / Gortaíonn _____ an buachaill a chos inné.

6. D'ullmhaigh / Ullmhaíonn _____ Daidí an dinnéar inné.

26

C **Scríobh an scéal.**

Timpiste

lá breá   traein   an baile mór   carráiste

shroich   d'fhág   stáisiún   tar éis tamaill

_____

_____

_____

_____

_____

_____

_____

go tobann   shleamhnaigh   ardán

craiceann   banana   chuir sí fios ar…

fón póca   scread   ar an talamh

_____

_____

_____

_____

_____

_____

otharcharr   ró-shásta   tar éis tamaill

um thráthnóna   seomra suí

tuirseach traochta   os comhair na tine

_____

_____

_____

_____

_____

_____

5. Tubaiste ar Scoil

A 📖 Léigh an scéal.

Siobhán is ainm domsa. Seo é mo dhearbháir óg Rónán. Tá Rónán cúig bliana d'aois. Chuaigh sé ar scoil don chéad uair an bhliain seo caite. D'éirigh sé ar a seacht a chlog agus bhí sceitimíní air. Rith sé isteach i mo sheomra codlata. Dhúisigh sé mé. Ní raibh mé ró-shásta mar bhí sé fós dorcha amuigh!

Is mise Siobhán. Seo é mo dhearbháir óg, Rónán.

Isteach libh, a pháistí.

D'fhág mé féin, Daidí agus Rónán an teach ar a hocht a chlog. Bhí Rónán ag caint gan stad. Chuir sé go leor ceisteanna orm faoin scoil. Shroicheamar an scoil an-luath an lá sin. Nuair a tháinig an múinteoir amach, d'fhág Daidí slán againn agus chuaigh sé abhaile.

Lean an bheirt againn an múinteoir isteach sa seomra ranga. Shuigh mé síos in aice le Rónán. Bhí bosca crián ar an mbord. Bhí criáin de gach dath sa bhosca. Go tobann, rug Rónán ar na criáin agus chaith sé suas san aer iad. Bhí náire an domhain orm.

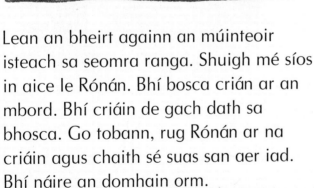

Tá brón orm a mhúinteoir.

Nuair a chonaic an múinteoir cad a tharla, lig sé béic as ach níor chuala Rónán é. Bhí sé ró-ghnóthach ag pleidhcíocht! Ansin rith Rónán síos go dtí an leabharlann sa seomra ranga. Leag sé na leabhair go léir den tseilf. Níorbh fhada go raibh an seomra trína chéile.

A leithéid de rírá agus ruaille buaille! Leis sin, bhuail clog na scoile. B'éigean dom dul ar ais chuig mo rang féin. Shuigh mé síos ach ní raibh mé ábalta aon obair a dhéanamh. Bhí mé ró-bhuartha.

Ag am lóin, bhuail mé le Rónán sa chlós. Bhí sé ag caoineadh sa chúinne. Ní raibh aon lón aige. Bhí an lón a rinne Daidí dó caillte aige. Thug mé mo cheapaire dó chun é a choimeád ciúin. Ní raibh lón ar bith agamsa agus bhí mé lag leis an ocras ach ba chuma liom. Ní raibh Rónán ag caoineadh anois!

Tar éis an lóin a ithe, rith Rónán ar an bhféar sa chlós agus thit sé. Ghearr sé a ghlúin agus thosaigh sé ag cur fola. Níorbh fhada go raibh sé salach ó bhun go barr. Thosaigh sé ag caoineadh arís. Bhí náire orm mar ní raibh cead aige dul ar an bhféar. Ach bhí trua agam do Rónán freisin.

Níl cead agat dul ar an bhféar.

Buíochas le Dia!

Tháinig an príomhoide anall chugainn. D'fhéach sí ar Rónán. Thug sí Rónán isteach san oifig agus chuir sí fios ar Mhamaí. Tháinig Mamaí go dtí an scoil agus chuaigh Rónán abhaile in éineacht léi. Bhí áthas an domhain ormsa. Bhí trua ag Mamaí don bheirt againn. Ní dhéanfaidh mé dearmad ar an lá sin go deo.

B Cúpla ceist

1. Cén t-am a d'éirigh Rónán?

   _____

2. An raibh Siobhán sásta nuair a dhúisigh Rónán í? Cén fáth?

   _____

3. Cathain a chuaigh Daidí abhaile?

   _____

4. Cá raibh an bosca crián?

   _____

5. Céard a leag Rónán den tseilf?

   _____

6. An raibh fearg ar an múinteoir?

   _____

7. An ndearna Siobhán aon obair? Cén fáth?

   _____

8. Céard a bhí á dhéanamh ag Rónán sa chlós?

   _____

9. Cad a tharla nuair a thit Rónán?

   _____

10. Cé a chuir fios ar Mhamaí?

    _____

C Líon na bearnaí.

| Chaith | Chuir | Lig | D'éirigh | Ghearr | Ní dhéanfaidh |

1. _____ Daideo an t-arán ar an gcuntar.

2. _____ mé dearmad ar an lá sin go deo.

3. _____ an múinteoir béic aisti nuair a chonaic sí an damhán alla.

4. _____ na páistí go moch ar maidin.

5. _____ an feirmeoir an lá ag obair sa ghort.

6. _____ Mamaí fios ar an mbriogáid dóiteáin.

Nathanna Nua

D  **Chuir an príomhoide fios ar Mhamaí.**

| freastalaí | briogáid dóiteáin | otharcharr | gardaí | príomhoide |

1. Chuir an feirmeoir fios ar na _____.

 2. Chuir an bhanaltra fios ar an _____.

3. Chuir an múinteoir fios ar an b_____.

 4. Chuir an sagart fios ar an m_____.

5. Chuir an seanfhear fios ar an bh_____.

E **Ní raibh mé ábalta aon obair a dhéanamh.**

| an lón a ithe | an fhuinneog a oscailt | an bóthar a thrasnú |
| mo spéaclaí a fháil | an cluiche peile a fheiceáil |

1. Ní raibh mé ábalta _____.

 2. Ní raibh mé ábalta _____.

3. Ní raibh mé ábalta _____.

 4. Ní raibh mé ábalta _____.

5. Ní raibh mé ábalta _____.

F **Bhí mé lag leis an ocras.**

Bhí mé lag leis
an ocras

Bhí mé lag leis
an ocras

G **Caint is comhrá**

1. An cuimhin leat do chéad lá ar scoil?
2. Cad a tharla?
3. Inis do do chara faoi.
4. An bhfuil deartháir nó deirfiúr óg agat?

31

	mé	tú	sé	sí	sinn	sibh	siad
	mo	do	a	a	ár	bhur	a

Le Foghlaim

	bróga	cóta	dinnéar	gairdín	póca	teach
mé	mo bhróga	mo chóta	mo dhinnéar	mo ghairdín	mo phóca	mo theach
tú	do bhróga	do chóta	do dhinnéar	do ghairdín	do phóca	do theach
sé	a bhróga	a chóta	a dhinnéar	a ghairdín	a phóca	a theach
sí	a bróga	a cóta	a dinnéar	a gairdín	a póca	a teach
sinn	ár mbróga	ár gcótaí	ár ndinnéar	ár ngairdín	ár bpócaí	ár dteach
sibh	bhur mbróga	bhur gcótaí	bhur ndinnéar	bhur ngairdín	bhur bpócaí	bhur dteach
siad	a mbróga	a gcótaí	a ndinnéar	a ngairdín	a bpócaí	a dteach

I Líon na bearnaí.

1. Bhí ocras orm agus d'ith mé mo _____ (dinnéar).

2. Chailleamar ár _____ (cótaí) ar scoil inné.

3. Éiríonn sé ar maidin agus itheann sé a _____ (bricfeasta) gach lá.

4. Stróic sí a _____ (geansaí) sa chlós inné.

5. D'ith mé mo _____ (bricfeasta) sa chistin ar maidin.

6. Cuirfidh sibh bhur _____ (cótaí) ar an gcathaoir amárach.

7. Chuir siad úlla ina _____ (pócaí) sa pháirc inné.

8. Tógann siad a _____ (bróga) as an gcófra gach lá.

9. Glaofaidh sí ar a _____ (cara) amárach.

10. D'itheamar an dinnéar inár _____ (teach) aréir.

11. Téann tú ag siúl le do _____ (madra) gach maidin.

12. Itheann sé a _____ (dinnéar) ar a cúig a chlog gach lá.

J Cuir na focail seo a leanas in abairtí.

1. mo phóca: _____

2. a bróga reatha: _____

3. a gheansaí: _____

4. ár ndinnéar: _____

5. a gcuid éadaí: _____

K Athscríobh na habairtí.

1. agus D'éirigh rith sí sa seomra folctha. Siobhán isteach ar a seacht a chlog

   _____

2. an múinteoir an scoil shroich Nuair a d'fhág sí sa chlós. an rothar

   _____

3. Mamaí agus abhaile. D'fhág slán chuaigh sí leis na páistí

   _____

4. na páistí clog na scoile Bhuail agus shiúil sa seomra ranga. isteach

   _____

5. a lámh Ghearr an cailín beag thosaigh sí ag cur fola. agus

   _____

6. fios ar ar a cúig a chlog. na gardaí Chuir an siopadóir

   _____

7. an peann luaidhe inné. sa seomra ranga ar an mbord Chuir mé

   _____

8. thug mé agus dó. ceapaire Ní raibh ag mo chara aon lón

   _____

L Nod don eolach!

Cén fáth.........?

Cén fáth a raibh fearg ar Rossa?
Bhí fearg ar Rossa mar stróic
Gordó a bhríste.

Cén fáth ar thosaigh Gordó ag tafann?
Thosaigh Gordó ag tafann mar
chonaic sé an gadaí.

Drámaíocht

Cum dráma beag agus bain úsáid
as na frásaí seo:
- Bhí mé lag leis an ocras.
- Cad a tharla?
- Ní dhéanfaidh mé dearmad ar
  an lá sin go deo.
- Seo duit.
- Níl cead agat dul …

Seanfhocal na Seachtaine: **Is binn béal ina thost!**

6. San Ionad Siopadóireachta

A **Léigh an scéal.**

Bhí ionad siopadóireachta nua sa bhaile mór. D'oscail sé don chéad uair cúpla seachtain ó shin. Lá amháin, bhí na páistí go léir ag caint faoi.

Brian   An raibh tú riamh san ionad siopadóireachta nua?

Cáit   Ní raibh, ach ba bhreá liom dul ann.

Aoife   Fuair mé fiche euro do mo bhreithlá agus tá éadaí nua ag teastáil uaim.

Brian   Ní maith liomsa éadaí nua a cheannach. Chuala mé go bhfuil siopa ceoil nua ann. Ba bhreá liom é a fheiceáil.

Siobhán   Chuala mé go bhfuil rogha maith ceoil acu ann.

Neasa   Tá bróga nua ag teastáil uaimse.

Siobhán   Agus ba bhreá liomsa culaith spóirt nua a fháil.

Cáit   Maith go leor. Rachaimid ann ag an deireadh seachtaine.

Neasa   Beidh orainn cead a fháil ónár dtuismitheoirí ar dtús.

Colm   Bíonn sibh i gcónaí ag ceannach éadaí nua!

Aoife   Féach cé atá ag caint. Is tusa Máistir na bhFaisean!

Colm   Imigh leat! Ná bí ag magadh fúm.

Tháinig an deireadh seachtaine. Thiomáin Mamaí na cailíní go dtí an t-ionad siopadóireachta. Chuaigh siad ó shiopa go siopa. Cheannaigh Aoife sciorta nua. Fuair Siobhán barr nua sa siopa spóirt. Ní bhfuair Neasa ná Cáit aon rud. Leis sin, chonaic siad Colm agus Brian sa siopa spóirt. Cheannaigh Colm bríste nua ar dtús.

Colm	An maith leat mo bhríste nua?
Brian	Tá sé an-deas, ach déan deifir. Táim lag leis an ocras.
Colm	Fan nóiméad! Féach ar na spéaclaí gréine seo.

D'fhéach Colm ar na spéaclaí gréine. Chuir sé a lán spéaclaí éagsúla air. Thosaigh sé ag féachaint air féin sa scáthán. Bhí tuirse ar na páistí eile. Tar éis deich nóiméad cheannaigh Colm péire spéaclaí gréine. Ní raibh orthu ach deich euro. Leis sin, chonaic sé t-léine chorcra. Chuir sé an t-léine air agus d'fhéach sé sa scáthán arís. Bhí fearg ar na páistí eile faoin am seo. Bhí fonn orthu dul to dtí an caife mar bhí ocras orthu.

Brian	Ceannaigh í! Táim bréan díot féin agus do chuid éadaí.
Colm	A chailíní, cad a cheapann sibh faoi seo?
Cáit	Tá an t-léine go hálainn. Ceannaigh í agus déan deifir.
Siobhán	A Choilm, feicim go bhfuil cúpla mála eile agat ansin.
Aoife	Sea go deimhin. Is tusa Máistir na bhFaisean cinnte!

Thosaigh na cairde go léir ag gáire. Ansin chuaigh siad go dtí an caife nua. Cheannaigh siad uachtar reoite agus ghlac siad sos ar feadh tamaill.

Cáit	Nach bhfuil an t-ionad siopadóireachta go hiontach?
Colm	Tá go deimhin… do lucht faisin cosúil liomsa.
Brian	Ní bheidh mé ag dul ag siopadóireacht leatsa arís.
Siobhán	Ná mise ach an oiread. Táimid go léir tuirseach traochta!

B Cúpla ceist

1. Cá raibh an t-ionad siopadóireachta nua?

   _____

2. Cad a bhí ag teastáil ó Aoife?

   _____

3. Cé a thiomáin na cailíní go dtí an t-ionad siopadóireachta?

   _____

4. Céard a fuair Siobhán?

   _____

5. Cé a cheannaigh na spéaclaí gréine?

   _____

6. Cé mhéad a bhí ar na spéaclaí gréine?

   _____

7. Cén fáth a raibh fearg ar na páistí?

   _____

8. Cad iad na héadaí a cheannaigh Colm?

   _____

9. Céard a cheannaigh siad sa chaife?

   _____

10. An raibh Colm tuirseach traochta?

   _____

C Líon na bearnaí.

Cheannaigh   D'oscail   Ní bhfuair   Chuaigh   D'fhéach   Chonaic

1. _____ na páistí ar an teilifís sa seomra suí.

2. _____ an linn snámha don chéad uair an tseachtain seo caite.

3. _____ an chlann go dtí an t-ionad siopadóireachta.

4. _____ an múinteoir spéaclaí gréine san ollmhargadh.

5. _____ mé na héadaí ar crochadh ar an líne.

6. _____ na páistí aon obair bhaile aréir mar bhí an múinteoir tinn.

Nathanna Nua

D **Bhí fonn orthu dul go dtí an caife mar bhí ocras orthu.**

Ceangail na habairtí agus scríobh.

1. Bhí fonn orthu dul a chodladh mar   bhí fiche euro acu.
2. Bhí fonn orthu ceapaire a ithe mar   am lóin a bhí ann.
3. Bhí fonn orthu dul ag siopadóireacht mar   ní raibh aon leabhar acu.
4. Bhí fonn orthu dul go dtí an leabharlann mar   bhí tuirse an domhain orthu.

1. _____
2. _____
3. _____
4. _____

E **Bíonn sibh i gcónaí ag ceannach éadaí nua.**

| ag troid | ag pleidhcíocht | ag imirt cispheile | ag caint |

1. Bíonn sibh i gcónaí _____.

2. Bíonn sibh i gcónaí _____.

3. Bíonn sibh ____ _____ _____.

4. _____.

F **Cad atá ag teastáil uait? Tá éadaí nua ag teastáil uaim.**

carbhat   geansaí   spéaclaí   culaith spóirt

bróga reatha   Tá _____ nua ag teastáil uaim.

seaicéad   t-léine   caipín

G  **Caint is comhrá**

1. An raibh tú riamh in ionad siopadóireachta? 2. Cad iad na siopaí a bhí ann?

	mé	tú	sé	sí	sinn	sibh	siad
le	liom	leat	leis	léi	linn	libh	leo

Críochnaigh na habairtí.

mé: Is maith liom uachtar reoite.	mé: Ba mhaith _____ dul abhaile.
tú: Is maith leat uachtar reoite.	tú: Ba mhaith _____ dul abhaile.
sé: Is maith leis uachtar reoite.	sé: Ba mhaith _____ dul abhaile.
sí: Is maith léi uachtar reoite.	sí: Ba mhaith _____ dul abhaile.
sinn: Is maith linn uachtar reoite.	sinn: Ba mhaith _____ dul abhaile.
sibh: Is maith libh uachtar reoite.	sibh: Ba mhaith _____ dul abhaile.
siad: Is maith leo uachtar reoite.	siad: Ba mhaith _____ dul abhaile.

I

	mé	tú	sé	sí	sinn	sibh	siad
do	dom	duit	dó	di	dúinn	daoibh	dóibh

Críochnaigh na habairtí.

mé: Thug an cailín cáca dom.	mé: Thug an múinteoir peann _____.
tú: Thug an cailín cáca duit.	tú: Thug an múinteoir peann _____.
sé: Thug an cailín cáca dó.	sé: Thug an múinteoir peann _____.
sí: Thug an cailín cáca di.	sí: Thug an múinteoir peann _____.
sinn: Thug an cailín cáca dúinn.	sinn: Thug an múinteoir peann _____.
sibh: Thug an cailín cáca daoibh.	sibh: Thug an múinteoir peann _____.
siad: Thug an cailín cáca dóibh.	siad: Thug an múinteoir peann _____.

J ## Críochnaigh na habairtí.

mé: Thug Mamó cúig euro _____.

tú: Ar mhaith _____ cupán tae?

sé: Thug an siopadór líreacán _____.

sí: Is maith _____ sceallóga.

sinn: Ba mhaith _____ dul amach sa chlós.

sibh: Thug Daidí íde béil _____.

siad: Ní féidir _____ galf a imirt.

K   Líon na bearnaí.

> leabharlann nua   siopa spóirt   ionad siopadóireachta
>
> oifig an phríomhoide   siopa éadaí   stáisiún traenach

1. An raibh tú riamh san _____?

     2. An raibh tú riamh sa _____?

3. An raibh tú riamh sa _____?

     4. An raibh tú riamh sa _____?

5. An raibh tú riamh in _____?

     6. An raibh tú riamh sa _____?

L   Cuir na focail seo a leanas in abairtí.

1. cheannaigh: _____
2. spéaclaí gréine: _____
3. culaith spóirt: _____
4. bróga nua: _____
5. fiche euro: _____
6. go hálainn: _____

M   Nod don eolach!

Foghlaim an riail agus ná déan dearmad!
Caol le caol agus leathan le leathan

Gutaí caola		Gutaí leathana	
i	e	a	o	u
cistin	ag ithe	chonaic	madra
tháinig		amárach	
cuideoidh		cófra	
dinnéar		úlla	

 Drámaíocht

Cum dráma beag agus bain úsáid as na frásaí seo:
- Cad a cheapann sibh faoi…
- Déan deifir!
- Fan nóiméad!
- Féach ar…
- Tá … ag teastáil uaim.

7. Turas Scoile

Lá breá brothallach a bhí ann. Chuaigh na páistí ó rang a sé ar thuras scoile chuig campa eachtraíochta. Ar an mbus a chuaigh siad ann. Shroich siad an campa ar a deich a chlog. Bhí an campa suite cois farraige. Bhí na páistí go léir ar bís. Bhí ceannairí ag fanacht leo sa champa.

Thug na ceannairí léarscáil agus liosta do na páistí. Chuaigh siad go léir ar thóraíocht taisce timpeall an champa. Bhain na páistí an-taitneamh as an gcluiche. Ní raibh an múinteoir ró-shásta mar bhí sé ar strae tar éis deich nóiméad. Thosaigh Tomás agus Neasa ag gáire agus chuidigh siad leis an múinteoir.

Ní maith liom an t-uisce!

Stop den phleidhcíocht!

Ansin chuaigh siad go dtí an trá. Thug na ceannairí culaith uisce do gach éinne. Bhí gliondar croí ar na páistí nuair a chuala siad go raibh siad ag dul ag bádóireacht. Léim na páistí isteach sna báid. Amach leo go léir ar an bhfarraige. Thosaigh Neasa agus Tomás ag pleidhcíocht. Ní raibh na ceannairí ró-shásta leo agus thug siad íde béil dóibh.

Go tobann tháinig tonn mhór. Chaill Neasa an maide rámha. Chas an bád bun os cionn agus thit an bheirt acu isteach san uisce. Bhí siad fliuch báite agus thosaigh siad ag crith leis an bhfuacht. Chuaigh siad isteach sa bhothán. Thriomaigh siad iad féin le tuáillí. Shuigh siad síos os comhair na tine. Bhí siad ró-fhuar le dul amach arís. Ní raibh siad ag gáire faoin am seo mar bhí na páistí eile fós ag bádóireacht.

Maith thú,
a mhúinteoir.

Tar éis an lóin, thosaigh gach duine ag dreapadóireacht ar an mballa mór ard. Bhí na páistí ar fheabhas ach thit an múinteoir bocht den bhalla. D'fhéach Tomás agus Neasa amach an fhuinneog agus bhí éad an domhain ar an mbeirt acu.

Ar a ceathair a chlog, chuaigh siad go léir ag imirt gailf sa pháirc. Bhí na páistí go huafásach ach bhí an múinteoir ar fheabhas. Bhí sé lán-sásta leis féin.

Tar éis an tae bhailigh siad a gcuid málaí, léim siad ar an mbus agus chuaigh siad abhaile.
Níor shroich siad an scoil go dtí a naoi a chlog. Bhí siad tuirseach traochta ach sona sásta.

B 🧑‍🤝‍🧑 Cúpla ceist

1. Cá ndeachaigh na páistí ar thuras scoile?

   _____

2. Cathain a shroich siad an campa?

   _____

3. Céard a rinne na páistí ar dtús?

   _____

4. Cé a chuidigh leis an múinteoir?

   _____

5. Cén fáth ar thug na ceannairí íde béil do na páistí?

   _____

6. Cad a tharla nuair a tháinig an tonn mhór?

   _____

7. Cén fáth a ndeachaigh Tomás agus Neasa isteach sa bhothán?

   _____

8. An raibh an múinteoir go maith ag dreapadóireacht?

   _____

9. An raibh an múinteoir go maith ag imirt gailf?

   _____

10. Cathain a shroich na páistí an scoil?

   _____

C ✏️ Scríobh an briathar ceart.

1. Chuidigh/Chuaigh _____ na ceannairí leis na páistí sa champa.

2. Thosaigh/Chaill _____ sé an sparán san ionad siopadóireachta inné.

3. Shuigh/Bhain _____ an tseanbhean a cóta di mar bhí sí ró-the.

4. Bhailigh/Tháinig _____ an múinteoir na cóipleabhair ar maidin.

5. Chas/Léim _____ an bád bun os cionn san uisce.

6. Thit/Thriomaigh _____ mé mo chuid éadaí ar an teasaire.

Nathanna Nua

D  **Thug na ceannairí íde béil dóibh.**

1. Thug _____ íde béil do na páistí.

2. Thug _____ íde béil don bhuachaill.

3. Thug _____ íde béil don mhadra.

4. Thug _____ íde béil don mhaistín.

E **Bhain siad an-taitneamh as an lá.**

| cluiche peile | scannán | pancóga | tóraíocht taisce |

1. Bhain Mamaí agus Daidí an-taitneamh as an _____.

2. Bhain na páistí an-taitneamh as an _____.

3. Bhain an feighlí an-taitneamh as an g_____.

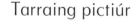

4. Bhain an bhanaltra an-taitneamh as na _____.

F  **ag crith...**

		Tarraing pictiúr	Tarraing pictiúr
ag crith leis an bhfuacht	ag crith le heagla	ag crith leis an bhfuacht	ag crith le heagla

G **Caint is comhrá**

1. An raibh tú riamh i gcampa eachtraíochta? Inis do do chara faoi.
2. Ar mhaith leat dul chuig campa eachtraíochta?
3. Ar mhaith leat dul ar thuras scoile? Cár mhaith leat dul?

43

H 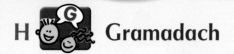 Gramadach

ar	mé	tú	sé	sí	sinn	sibh	siad
	orm	ort	air	uirthi	orainn	oraibh	orthu

Críochnaigh na habairtí.

mé:	Chuir mé mo chóta orm.
tú:	Chuir tú do chóta ort.
sé:	Chuir sé a chóta air.
sí:	Chuir sí a cóta uirthi.
sinn:	Chuireamar ár gcótaí orainn.
sibh:	Chuir sibh bhur gcótaí oraibh.
siad:	Chuir siad a gcótaí orthu.

mé:	Tá áthas _____.
tú:	Tá brón _____.
sé:	Tá ocras _____.
sí:	Tá tart _____.
sinn:	Tá eagla _____.
sibh:	Tá náire _____.
siad:	Tá fearg _____.

I

ag	mé	tú	sé	sí	sinn	sibh	siad
	agam	agat	aige	aici	againn	agaibh	acu

Críochnaigh na habairtí.

mé:	Tá rothar nua agam.
tú:	Tá rothar nua agat.
sé:	Tá rothar nua aige.
sí:	Tá rothar nua aici.
sinn:	Tá rothar nua againn.
sibh:	Tá rothar nua agaibh.
siad:	Tá rothar nua acu.

mé:	Bhí obair bhaile _____ aréir.
tú:	Bhí obair bhaile _____ aréir.
sé:	Bhí obair bhaile _____ aréir.
sí:	Bhí obair bhaile _____ aréir.
sinn:	Bhí obair bhaile _____ aréir.
sibh:	Bhí obair bhaile _____ aréir.
siad:	Bhí obair bhaile _____ aréir.

J Críochnaigh na habairtí.

mé:	Níl a fhios _____.
tú:	An bhfuil eagla _____?
sé:	Tá cóipleabhar nua _____.
sí:	Chuir sí a cuid éadaí _____.

sinn:	Bhí eagla an domhain _____.
sibh:	An mbeidh scrúdú _____ amárach?
siad:	Níl aon airgead _____.

K Athscríobh na habairtí.

1. inné.   Thosaigh   ag bádóireacht   na cailíní   ar a trí a chlog

_____

2. ar thuras scoile   Chuaigh   cúpla seachtain ó shin.   rang a cúig

_____

3. do na páistí   Thug   íde béil   mar   ag pleidhcíocht.   bhí siad   an múinteoir

_____

4. shroich   an scoil   na páistí   Nuair a   tuirseach traochta.   bhí siad

_____

5. an buachaill óg   Chuidigh   inné.   sa bhaile mór   leis an seanfhear

_____

6. sa bhothán   Siobhán   agus   í féin.   thriomaigh sí   Chuaigh   isteach

_____

7. ar maidin.   D'fhág   ar an mbus   an peileadóir   a mhála spóirt

_____

8. bhí siad   agus   Thit   isteach san uisce   fliuch báite.   an bheirt acu

_____

L Nod don eolach!

sa + h
sa bhosca, sa chistin, sa ghairdín,
sa mhála, sa pháirc
ach amháin d n t l s
sa doirteal, sa nead, sa teach,
sa loch, sa seomra

san + a e i o u
san aer   san eitleán   san inneall
san óstán   san úllord

Drámaíocht

Cum dráma beag agus bain úsáid
as na frásaí seo:
- Bhí sé sin go huafásach!
- Cad a tharla?
- Táim sona sásta.
- Thug sé íde béil dom.
- Táim tuirseach traochta.

Seanfhocal na Seachtaine: Is geall le sos malairt oibre.

45

8. Ar an Idirlíon

A  Léigh an scéal.

Lá breithe Chiara a bhí ann. Bhí sí trí bliana déag d'aois. Bhí sí ina déagóir. Cheannaigh Peadar DVD di sa siopa ceoil. Fuair Dónal liathróid chispheile di sa siopa spóirt. Cheannaigh Maitiú agus Marcus t-léine di sa siopa éadaí. Thug Daidí agus Mamaí fón póca nua di. Thug Uncail Seán airgead di agus fuair sí airgead ó Aintín Bríd freisin. Bhí céad euro aici ansin agus bhí sí breá sásta.

D'fhéach Ciara ar an irisleabhar spóirt agus chonaic sí péire bróg cispheile. Bhí siad go hálainn. Bhí dath dearg agus bán orthu. Tharraing Ciara an leathanach as an irisleabhar agus tar éis scoile ar an Luan, chuaigh sí féin agus Mamaí go dtí an baile mór. Chuardaigh siad i ngach áit, ach ní bhfuair siad na bróga.

Ar an Satharn, chuaigh an bheirt acu go Baile Átha Cliath. Chuaigh siad ó shiopa go siopa ach ní raibh na bróga le fáil in aon áit. Chuaigh siad isteach san ionad siopadóireachta. Stop siad ag an gcaife agus cheannaigh siad tae, sú oráiste agus dhá cheapaire. Ansin, chuaigh siad isteach sa siopa spóirt. Thaispeáin Ciara an leathanach ón irisleabhar don fhreastalaí. D'fhéach an freastalaí ar an leathanach agus chroith sé a cheann.

Ní féidir na bróga sin a fháil in Éirinn.

Freastalaí	Ní féidir na bróga sin a fháil in Éirinn.
Ciara	An bhfuil tú cinnte?
Freastalaí	Táim dearfa. Caithfidh tú dul go Meiriceá.
Ciara	Ceart go leor. Go raibh maith agat.
Mamaí	Ná bí buartha. Gheobhaimid rud éigin eile duit.

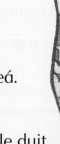

Bhí díomá ar Chiara. Díreach ansin, chuala sí an fón póca. Daideo a bhí ann.

Daideo	Dia duit, a Chiara. Céard ba mhaith leat do do bhreithlá?
Ciara	Ba bhreá liom bróga cispheile nua, ach ní féidir liom iad a fháil in aon áit.
Daideo	Gheobhaimid rud éigin eile duit, más ea.
Ciara	Go raibh míle maith agat, a Dhaideo. Tá tú an-chineálta.

Bhí díoma ar Chiara ach ní dúirt sí aon rud. An oíche sin, chuir Daideo glaoch teileafóin ar Pheadar. Chuaigh an bheirt acu ag siopadóireacht ar an idirlíon. Ag an deireadh seachtaine, tháinig Daideo ar cuairt agus thug sé bosca mór do Chiara. D'oscail Ciara an bosca. Cad a bhí istigh ann ach na bróga cispheile! Bhí ionadh an domhain ar Chiara.

Ciara	Cá bhfuair tú na bróga?
Daideo	Chuaigh mé go Nua Eabhrac agus cheannaigh mé iad.
Ciara	Tá tú ag magadh fúm, a Dhaideo!

Chuir Ciara na bróga uirthi. Rith sí amach sa ghairdín, rug sí ar an liathróid chispheile agus fuair sí dhá chiseán as a chéile. Rith sí ar ais isteach sa teach. Rug sí barróg ar Dhaideo.

Ciara	Go raibh míle maith agat, a Dhaideo. Tá na bróga go hálainn.
Daideo	Fáilte romhat, a stór!
Ciara	An raibh Nua Eabhrac go hiontach?
Daideo	Bhí sé ar fheabhas. Rachaimid ann le chéile lá éigin!
Ciara	A Dhaideo, ar mhaith leat teacht amach agus cispheil a imirt?
Daideo	Ba bhreá liom ach tá mé ró-shean.
Peadar	Níl tú ró-shean le dul ag siopadóireacht ar an idirlíon!

Chaoch Daideo súil ar Pheadar agus thosaigh an bheirt acu ag gáire.

Daideo	Sin é mo scéal agus má tá bréag ann, bíodh.

B ![icon] Cúpla ceist

1. Cén aois a bhí ag Ciara?

   _____

2. Cad iad na bronntanais a fuair Ciara?

   _____

3. Cé a thug airgead di?

   _____

4. Cad a chonaic sí san irisleabhar spóirt?

   _____

5. Cén dath a bhí ar na bróga?

   _____

6. Cá ndeachaigh Mamaí agus Ciara ar an Luan?

   _____

7. An bhfuair siad na bróga? Cén fáth?

   _____

8. An raibh díomá ar Chiara?

   _____

9. Cé a chuaigh ag siopadóireacht ar an idirlíon?

   _____

10. An ndeachaigh Daideo go Nua Eabhrac?

    _____

C ![icon] Scríobh an briathar ceart.

1. Stop/Thaispeáin   _____ siad ag an gcaife mar bhí ocras orthu.

2. Ní fhaca/Ní raibh   _____ Daideo i Nua Eabhrac riamh.

3. Thug/Rith   _____ Neasa an leabhar grinn do Rossa.

4. Chroith/D'fhéach   _____ an freastalaí a cheann mar ní raibh na bróga aige sa siopa.

5. Chuardaigh/Cheannaigh   _____ na páistí i ngach áit don sparán caillte.

6. Tharraing/Fuair   _____ an buachaill leathanach as an leabhar.

48

Nathanna Nua

Caithfidh tú dul go Meiriceá.

spéaclaí nua a cheannach   dul go dtí an t-ospidéal   peann luaidhe nua a fháil
tosú ag obair   féachaint ar an idirlíon   an obair bhaile a dhéanamh

1. Caithfidh tú _____.

2. Caithfidh tú _____.

3. Caithfidh tú _____.

4. Caithfidh tú _____.

5. Caithfidh sibh _____.

6. Caithfidh tú _____.

E   ### Ná bí buartha!

		Tarraing pictiúr
Ná bí buartha!	Ná bí buartha!	Ná bí buartha!

F   ### Líon na bearnaí.   Gheobhaimid……   Rachaimid……

1. _____ liathróid pheile sa gharáiste.
2. _____ go dtí an t-ionad siopadóireachta.
3. _____ uachtar reoite agus líomanáid as an gcuisneoir.
4. _____ abhaile ar leathuair tar éis a trí.
5. _____ go Nua Eabhrac an bhliain seo chugainn.
6. _____ a lán obair bhaile anocht!

G   ### Caint is comhrá

1. An ndeachaigh tú go Meiriceá riamh?
2. Cá ndeachaigh tú ar do laethanta saoire anuraidh?

H Gramadach

	mé	tú	sé	sí	sinn	sibh	siad
ó	uaim	uait	uaidh	uaithi	uainn	uaibh	uathu

Críochnaigh na habairtí.

mé:	Thóg an siopadóir cúig cent uaim.
tú:	Thóg an siopadóir cúig cent uait.
sé:	Thóg an siopadóir cúig cent uaidh.
sí:	Thóg an siopadóir cúig cent uaithi.
sinn:	Thóg an siopadóir cúig cent uainn.
sibh:	Thóg an siopadóir cúig cent uaibh.
siad:	Thóg an siopadóir cúig cent uathu.

mé:	Tá leabhar ag teastáil _____.
tú:	Tá leabhar ag teastáil _____.
sé:	Tá leabhar ag teastáil _____.
sí:	Tá leabhar ag teastáil _____.
sinn:	Tá leabhar ag teastáil _____.
sibh:	Tá leabhar ag teastáil _____.
siad:	Tá leabhar ag teastáil _____.

I

	mé	tú	sé	sí	sinn	sibh	siad
de	díom	díot	de	di	dínn	díbh	díobh

Críochnaigh na habairtí.

mé:	Thit mo chaipín díom.
tú:	Thit do chaipín díot.
sé:	Thit a chaipín de.
sí:	Thit a caipín di.
sinn:	Thit ár gcaipíní dínn.
sibh:	Thit bhur gcaipíní díbh.
siad:	Thit a gcaipíní díobh.

mé:	Bhain mé mo chóta _____.
tú:	Bhain tú do chóta _____.
sé:	Bhain sé a chóta _____.
sí:	Bhain sí a cóta _____.
sinn:	Bhaineamar ár gcótaí _____.
sibh:	Bhain sibh bhur gcótaí _____.
siad:	Bhain siad a gcótaí _____.

J Críochnaigh na habairtí.

mé:	Tá fón póca nua ag teastáil _____.
tú:	Thit do uaireadóir _____.
sé:	Bhain sé a gheansaí _____.
sí:	Bhí peann luaidhe ag teastáil _____.

sinn:	Thóg an siopadóir an t-airgead _____.
sibh:	Ní raibh obair bhaile ag teastáil _____.
siad:	Bhain siad a mbróga _____.

K Scríobh an scéal.

Ag siopadóireacht ar an idirlíon

in aon áit   bróga peile   sa bhaile mór   a bhí ann   ó Mhamaí
caoga euro   ó shiopa go siopa   seomra suí   ag teastáil   ábalta
tháinig   ceapaire   an idirlíon   os comhair   cheannaigh sí
ionad siopadóireachta   ar an doras   ag siopadóireacht

Lá breithe Thomáis ____ _____ _____. Thug a athair b_____
p_____ nua dó. Thug a mháthair ceamara dó. Thug a aintín agus a uncail
_____ _____ dó. Bhí cluiche nua ____ _____ uaidh. Chuaigh sé féin
agus a chara, Cáit go dtí an t-_____ _____. Shiúil siad ____
_____ ____ _____. Ní raibh siad _____ an cluiche a fháil.
Chuardaigh Daidí ____ _____ _____ freisin ach ní raibh an cluiche le fáil
____ ____ _____. Fuair Tomás cead ____ _____ dul ar an idirlíon. Tar éis
scoile, _____ a chara Rossa abhaile in éineacht leis. D'ith siad _____
folláin ar dtús agus ansin, shuigh siad síos ____ _____ an ríomhaire. Chaith
siad uair an chloig ar ____ _____. Díreach ansin, shiúil Mamaí isteach sa
_____ ____. 'Ná bí buartha,' ar sise. 'Cuideoidh mé libh'. Shuigh sí síos agus
thosaigh sí ____ _____ ar an idirlíon. Bhrúigh sí cúpla cnaipe agus
_____ ____ an cluiche do Thomás. Bhí áthas an domhain ar Thomás. Thug
sé an caoga euro do Mhamaí. Cúpla lá ina dhiaidh sin, chuala sé cnag ____ ____
_____. Fear an phoist a bhí ann agus an cluiche ina lámh.

L Nod don eolach!

Uatha agus Iolra

an buachaill	na buachaillí
an cailín	na cailíní
an páiste	na páistí
an leabhar	na leabhair
an garda	na gardaí
an ceapaire	na ceapairí

Drámaíocht

Cum dráma beag agus bain úsáid
as na frásaí seo:
- An bhfuil tú cinnte? Táim dearfa
- Céard ba mhaith leat?
- Ceart go leor.
- Ná bí buartha.
- Rachaimid…

Seanfhocal na Seachtaine: Nuair a bhíonn an cat amuigh

Súil Siar B

 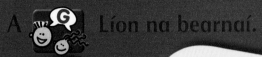
1. Is maith _____ meireang agus uachtar reoite. (mé)

2. Thug an buachaill óg fiche euro _____ siopadóir.

3. Chonaic Colm an taibhse agus bhí eagla an domhain _____.

4. Thug an múinteoir a lán obair bhaile _____. (sinn)

5. Bhain mé mo chóta _____ sa halla.

6. Bhí leabhar nua ag teastáil _____. (Tomás)

7. 'Imigh _____ abhaile,' arsa an garda leis an mbuachaill dána.

8. D'éist Bócó _____ an raidió ar maidin.

9. Chuir sí a cóta _____ ar maidin.

10. Bhí Séimí dána agus thug Daidí íde béil _____.

11. Bhí na páistí ag rith go tapa agus bhí tuirse _____.

12. 'Tá t-léine nua _____,' arsa Dónal. (mé)

13. 'Beidh scrúdú matamaitice _____ amárach', arsa an múinteoir. (sibh)

14. Bhí sé ró-the agus bhaineamar ár gcótaí _____.

15. Ghlaoigh an siopadóir _____ na gardaí.

16. D'fhéach an chlann _____ an gcluiche peile.

51

... na habairtí.

... bíonn na lucha ag rince.

_____

_____

_____ go moch ar maidin.

_____

_____

_____

C **Scríobh an scéal. Bain úsáid as na focail.**

Lá breá brothallach   ag iascaireacht
gliondar croí   ag bádóireacht   sona sásta
ag imirt peile   Go tobann   thit

_____

_____

_____

_____

_____

_____

lig sé béic as   rith   Rug   Déan deifir
trína chéile   tharraing   eagla an domhain

_____

_____

_____

_____

_____

_____

Ar aghaidh leo   chuir sí fios   fliuch báite
ag crith leis an bhfuacht   thriomaigh
tuirseach traochta   os comhair na tine

_____

_____

_____

_____

_____

_____

9. Timpiste Bhóthair

A Léigh an scéal.

Lá fuar feannaideach a bhí ann agus bhí leac oighir ar an mbóthar. Rith Dónal isteach sa gharáiste agus rug sé ar a rothar. Síos an bóthar leis go cúramach. Shleamhnaigh sé uair nó dhó agus ba bheag nár thit sé den rothar.

Nuair a shroich sé an scoil, chonaic sé a chara Cáit ag tuirlingt den bhus. Chroith sé lámh léi. I bpreab na súl, shleamhnaigh an rothar ar an leac oighir agus bhuail sé an cosán. Thit Dónal ar an talamh. Lig sé béic as. Chas Cáit timpeall nuair a chuala sí Dónal ag screadaíl. Rith sí síos an bóthar agus chuidigh sí leis. Bhí dath an bháis ar Dhónal. Leis sin, tháinig Neasa, Rossa agus Colm aníos an bóthar. Rith siad trasna chuig Dónal agus Cáit.

Neasa	Cad a tharla?
Dónal	Thit mé den rothar.
Cáit	Sciorr an rothar ar an leac oighir.
Rossa	An bhfuil tú ceart go leor?
Dónal	Níl. Tá mo lámh an-tinn.
Neasa	B'fhéidir go bhfuil do lámh briste.
Colm	An bhfuil do cheann ceart go leor?
Dónal	Tá. Shábháil an clogad mo cheann.
Cáit	Cuirfidh mé fios ar an múinteoir.

Rith Cáit isteach sa scoil. D'inis sí an scéal don mhúinteoir. Rith an múinteoir síos an bóthar ar nós na gaoithe. Nuair a chonaic sí lámh Dhónail, chuir sí fios ar an otharcharr. Chuir sí fios ar thuismitheoirí Dhónail freisin.

I bpreab na súl, tháinig an t-otharcharr. Chuidigh an múinteoir le Dónal dul isteach san otharcharr. Chuir an bhanaltra bindealán ar lámh Dhónail. Nuair a shroich siad an t-ospidéal, scrúdaigh an dochtúir an lámh. Dúirt sí go raibh an lámh briste.

Chuir an dochtúir plástar phárais ar an lámh briste. Ghlaoigh an bhanaltra ar Mhamaí agus ar Dhaidí. Tháinig an bheirt acu isteach agus thug siad Dónal abhaile. Shuigh sé cois na tine agus d'fhéach sé ar an teilifís. An tráthnóna sin, tháinig a chairde ar cuairt. Thug siad úlla agus leabhar grinn do Dhónal.

Cáit	Conas tá tú?
Dónal	Tá mo lámh briste. Beidh an plástar orm ar feadh cúig seachtaine.
Colm	Dónal bocht!
Neasa	Ní bheidh tú ábalta peil a imirt.
Dónal	Ní bheidh.
Rossa	Ná bí buartha. Ní bheidh tú ábalta aon obair bhaile a dhéanamh ach an oiread!
Dónal	Beidh! Bhris mé mo lámh dheas ach is ciotóg mé. Scríobhaim le mo lámh chlé!

B Cúpla ceist

1. Cén saghas lae a bhí ann?

   _____

2. Cá raibh an rothar?

   _____

3. Cé a bhí ag tuirlingt den bhus?

   _____

4. Cad a tharla nuair a sciorr an rothar?

   _____

5. An raibh clogad ar cheann Dhónail?

   _____

6. Ar chuir an múinteoir fios ar na gardaí?

   _____

7. Céard a rinne an bhanaltra?

   _____

8. Céard a rinne Dónal nuair a chuaigh sé abhaile?

   _____

9. An raibh a rúitín briste?

   _____

10. An raibh Dónal ábalta scríobh?

   _____

C Líon na bearnaí.

1. Bhuail/Thit _____ an carr an madra ach bhí sé ceart go leor.

2. Chonaic/D'fhéach _____ na páistí an múinteoir ag stad an bhus.

3. Dúirt/D'inis _____ an dochtúir go raibh rúitín Cháit briste.

4. Rith/Shleamhnaigh _____ an rothar ar an leac oighir.

5. Scrúduigh/Chuidigh _____ an cigire na páistí agus bhí sí sásta leo.

6. Shroich/Shuigh _____ an sagart an séipéal ar a cúig a chlog.

D Cuir na briathra thuas san aimsir láithreach agus cum abairtí i do chóipleabhar.

Nathanna Nua

E **Nuair a shroich siad an t-ospidéal, scrúdaigh an dochtúir an lámh.**

1. Nuair a shroich mé geata na scoile, _____

2. Nuair a shroich sé lár an bhaile, _____

3. Nuair a shroich sí an t-ospidéal, _____

4. Nuair a shroicheamar an t-ionad siopadóireachta, _____

5. Nuair a shroich siad an seomra codlata, _____

F **B'fhéidir go bhfuil…**

ina chodladh sa chonchró	ag traenáil sa pháirc
ag féachaint ar an teilifís	ag obair san ospidéal

1, B'fhéidir go bhfuil an bhanaltra _____

2. B'fhéidir go bhfuil Gordó _____

3. B'fhéidir go bhfuil an peileadóir _____

4. B'fhéidir go bhfuil na páistí _____

G **Ba bheag nár…**

1. Ba bheag nár thosaigh _____

2. Ba bheag nár shéid _____

3. _____ shleamhnaigh _____

4. _____ thit _____

H **Caint is comhrá**

1. Cén saghas lae atá ann inniu?
2. Cén séasúr atá ann?
3. Ar bhain timpiste duit riamh?
4. Cad a tharla?
5. An raibh tú riamh san ospidéal?
6. Cén fáth a raibh tú ann?

57

Briathra Rialta

Aimsir Chaite Inné	Aimsir Láithreach Gach Lá	Aimsir Fháistineach Amárach
Ghlan sé / sí	Glanann sé / sí	Glanfaidh sé / sí
Thóg sé / sí	Tógann sé / sí	Tógfaidh sé / sí
Chas sé / sí	Casann sé / sí	Casfaidh sé / sí
Sheas sé / sí	Seasann sé / sí	Seasfaidh sé / sí
Dhún sé / sí	Dúnann sé / sí	Dúnfaidh sé / sí
D'fhéach sé / sí	Féachann sé / sí	Féachfaidh sé / sí
D'ól sé / sí	Ólann sé / sí	Ólfaidh sé / sí
Chuir sé / sí	Cuireann sé / sí	Cuirfidh sé / sí
Shiúil sé / sí	Siúlann sé / sí	Siúlfaidh sé / sí
Bhris sé / sí	Briseann sé / sí	Brisfidh sé / sí
Rith sé / sí	Ritheann sé / sí	Rithfidh sé / sí
Léigh sé / sí	Léann sé / sí	Léifidh sé / sí
Shuigh sé / sí	Suíonn sé / sí	Suífidh sé / sí
Ghlaoigh sé / sí	Glaonn sé / sí	Glaofaidh sé / sí

J **Léigh an scéal.**

Sheas Cáit suas tráthnóna inné. Thóg sí leabhar den tseilf. Léigh sí an leabhar ar feadh tamaill. Ansin, chuir sí an leabhar ar an mbord. Thóg sí amach a fón póca agus ghlaoigh sí ar a cara, Colm. Shiúil sí isteach sa chistin. Bhris sí cupán ar an urlár. Chas sí timpeall agus chuir sí an citeal ar siúl. D'ól sí cupán tae. Rith sí isteach sa seomra suí. Dhún sí an doras. Shuigh sí síos agus d'fhéach sí ar an teilifís. Tar éis leath uair an chloig, shiúil sí suas an staighre agus ghlan sí a fiacla.

K **I do chóipleabhar, scríobh an scéal san aimsir láithreach ag tosú mar seo:** Seasann Cáit suas gach tráthnóna.

L **I do chóipleabhar, scríobh an scéal san aimsir fháistineach ag tosú mar seo:** Seasfaidh Cáit suas tráthnóna amárach.

M **Na Séasúir**

an t-earrach			an samhradh		
Feabhra	Márta	Aibreán	Bealtaine	Meitheamh	Iúil

ag cur síolta

éin ag canadh

uain ag rith is ag léim

an ghrian ag taitneamh

cois farraige

nead sa chrann

rollaí féir

picnic

an fómhar			an geimhreadh		
Lúnasa	Meán Fómhair	Deireadh Fómhair	Samhain	Nollaig	Eanáir

duilleoga ag titim

gráinneog

úlla ar an talamh

liathróidí sneachta

dainséarach

fear sneachta

N **Scríobh scéal i do chóipleabhar ag tosú le ceann amháin de na frásaí seo.**

1. Lá breá brothallach a bhí ann.
2. Lá fuar feannaideach a bhí ann.
3. Lá fliuch gaofar a bhí ann.
4. Lá scamallach a bhí ann.

O **Nod don eolach!**

 Drámaíocht

réamhfhocal + an → urú
ar an mbord
faoin gcathaoir
ag an bhfuinneog
thar an ngeata
as an bpóca
ach amháin d n t l s

Cum dráma beag agus bain úsáid as na frásaí seo:
- An bhfuil tú ceart go leor?
- B'fhéidir go bhfuil…
- Cad a tharla?
- Is beag nár thit mé.
- Ní bheidh tú ábalta…

Seanfhocal na Seachtaine: Briseann an dúchas trí shúile an chait.

10. Oíche Shamhna

A Léigh an scéal.

Oíche Shamhna a bhí ann. Bhí a fhios ag Maitiú agus Marcus nach raibh cead acu súgradh le splancóga. Arís agus arís eile, dúirt Mamaí agus Daidí leo go raibh splancóga dainséarach. Ach theastaigh uathu splancóga a fháil.

Marcus	An bhfuil cead againn splancóga a fháil, a Mham?
Mamaí	Níl! Tá siad ró-dhainséarach.
Maitiú	Ba bhreá liom splancóga d'oíche Shamhna, a Dhaid.
Daidí	Tá siad ró-dhainséarach.
Marcus	Ach tá splancóga ag mo chairde go léir!
Daidí	Bhuel, ní bheidh aon splancóga sa teach seo anocht. Tá siad ró-dhainséarach. Agus sin sin!

An tráthnóna sin, bhí Maitiú agus Marcus ag siúl abhaile ón siopa. Bhuail siad lena gcairde. Bhí splancóga acu.

Liam	Ar mhaith libh cúpla splancóg?
Marcus	Níl cead againn súgradh leo.
Maitiú	Tá siad ró-dhainséarach.
Gearóid	Bhuel, seo cúpla splancóg daoibh, pé scéal é. Níl splancóga dainséarach.
Marcus	Ceart go leor.
Maitiú	Go raibh míle maith agaibh.

Rith na buachaillí abhaile ar nós na gaoithe. Bhí a fhios acu go raibh na splancóga dainséarach. Chuir siad i bhfolach faoin leaba iad agus rith an bheirt acu síos an staighre.

An oíche sin, bhí an ghealach go hard
sa spéir. Chuaigh an chlann go léir
a luí. Bhí gach éinne ina gcodladh
ar a deich a chlog, ach bhí Maitiú agus
Marcus ar bís. D'éirigh siad agus fuair
siad na splancóga faoin leaba.
Fuair Marcus cipíní solais sa chistin.

Chuaigh an bheirt acu isteach sa seomra
folctha. Dhún siad an doras go ciúin.
Las Marcus an splancóg. Chas Maitiú an
splancóg timpeall agus timpeall.
Bhí sé go hálainn. Bhí sceitimíní ar an
mbeirt acu. Ach go tobann, thit splancóg
ar chulaith oíche Mhaitiú. I bpreab na
súl, chuaigh an chulaith oíche trí thine.
Bhí deatach i ngach áit. Scread Maitiú.

Maitiú	Cuidigh liom! Cuidigh liom!
Marcus	Mamaí, Daidí, cuidigh linn!
Maitiú	Tá mo chulaith oíche trí thine.

Shroich Daidí an seomra folctha ar dtús. Rinne sé
iarracht na lasracha a mhúchadh ach theip air.
Rith Peadar agus Mamaí isteach. Chas Mamaí an
buacaire ar siúl agus chaith sí uisce ar an gculaith
oíche. Mhúch sí na lasracha. Bhí Marcus agus
Maitiú ag crith le heagla.

Marcus	Tá brón orm!
Maitiú	Ní rachaimid in aice le splancóga go deo arís.
Mamaí	Buíochas le Dia go bhfuil sibh slán!
Peadar	Múinfidh sé sin ceacht daoibh.

D'fhoghlaim na buachaillí ceacht an oíche sin.
Ní dheachaigh siad in aice le splancóga riamh arís.

Ní thagann
ciall roimh
aois!

B Cúpla ceist

1. An raibh cead ag na páistí súgradh le splancóga?
   _____

2. Cathain a bhuail Maitiú agus Marcus lena gcairde?
   _____

3. An raibh a fhios ag an mbeirt acu go raibh splancóga dainséarach?
   _____

4. Cár chuir siad na splancóga?
   _____

5. Cathain a chuaigh an chlann a luí?
   _____

6. Cá ndeachaigh an cúpla?
   _____

7. An raibh na splancóga go deas?
   _____

8. Conas a chuaigh an chulaith oíche trí thine?
   _____

9. Cé a mhúch na lasracha?
   _____

10. An ndeachaigh na buachaillí in aice le splancóga arís, dar leat?
    Dar liom, _____

C Críochnaigh na habairtí.

Bhí	Bhuail	Chuidigh	chuir	mhúch	ní raibh
D'fhoghlaim	Las	ní dheachaigh	rith	dúirt	Scread

1. _____ an rúnaí an tine um thráthnóna agus _____ sí í an oíche sin.
2. _____ Siobhán lena cara Bócó agus _____ siad go dtí an pháirc.
3. _____ Séimí ag súgradh ar an mbóthar ach _____ Mamaí
   go raibh sé dainséarach.
4. _____ Eimear mar _____ Colm damhán alla i bhfolach sa bhosca.
5. _____ Cáit le Colm mar _____ sé ábalta an scrúdú a dhéanamh.
6. _____ Dónal an dán aréir ach _____ sé ar scoil mar bhí sé tinn.

D Cuir na briathra thuas san aimsir láithreach agus cum abairtí i do chóipleabhar.

Nathanna Nua

E **Rinne sé iarracht na lasracha a mhúchadh ach theip air.**

1. Rinne 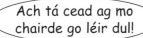 an _____ iarracht cúl a fháil ach theip air.

2. Rinne _____ iarracht an conchró a dhéanamh ach theip uirthi.

3. Rinne _____ iarracht an chnámh a ithe ach theip _____.

4. Rinne _____ iarracht an mála a dhúnadh ach theip _____.

Ach tá cead ag mo chairde go léir dul!

Níl cead agatsa agus sin sin!

F

1. Ach tá cead ag mo chairde go léir dul go dtí _____

2. Ach tá cead ag mo chairde go léir dul go dtí _____

3. Ach tá _____ ag mo chairde go léir!

4. Ach tá _____ ag mo chairde go léir!

G **An bhfuil cead agam...**

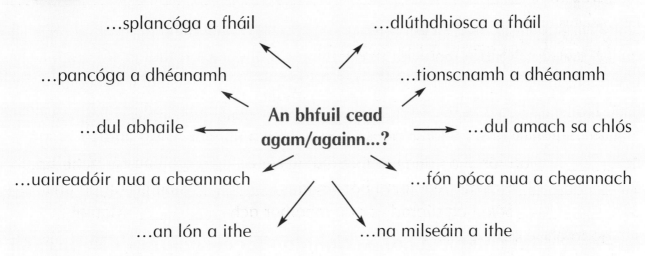

...splancóga a fháil   ...dlúthdhiosca a fháil

...pancóga a dhéanamh   ...tionscnamh a dhéanamh

An bhfuil cead agam/againn...?

...dul abhaile   ...dul amach sa chlós

...uaireadóir nua a cheannach   ...fón póca nua a cheannach

...an lón a ithe   ...na milseáin a ithe

H **Caint is comhrá**

1. An maith leat Oíche Shamhna?   2. Cad iad na hócáidí speisialta is maith leat?

3. An bhfuil splancóga dainséarach, dar leat?   4.   Cad eile atá dainséarach?

I   Briathra Rialta

Aimsir Chaite Inné	Aimsir Láithreach Gach Lá	Aimsir Fháistineach Amárach
Dhúisigh sé / sí	Dúisíonn sé / sí	Dúiseoidh sé / sí
D'imigh sé / sí	Imíonn sé / sí	Imeoidh sé / sí
Bhailigh sé / sí	Bailíonn sé / sí	Baileoidh sé / sí
Cheannaigh sé / sí	Ceannaíonn sé / sí	Ceannóidh sé / sí
Shleamhnaigh sé / sí	Sleamhnaíonn sé / sí	Sleamhnóidh sé / sí
Mhoilligh sé / sí	Moillíonn sé / sí	Moilleoidh sé / sí
Chríochnaigh sé / sí	Críochnaíonn sé / sí	Críochnóidh sé / sí
D'éirigh sé / sí	Éiríonn sé / sí	Éireoidh sé / sí
D'ullmhaigh sé / sí	Ullmhaíonn sé / sí	Ullmhóidh sé / sí
Rothaigh sé / sí	Rothaíonn sé / sí	Rothóidh sé / sí
Bhrostaigh sé / sí	Brostaíonn sé / sí	Brostóidh sé / sí
Ghortaigh sé / sí	Gortaíonn sé / sí	Gortóidh sé / sí
Chuidigh sé / sí	Cuidíonn sé / sí	Cuideoidh sé / sí
Thosaigh sé / sí	Tosaíonn sé / sí	Tosóidh sé / sí

J   Léigh an scéal.

Dhúisigh Rónán go moch inné. D'éirigh sé gan mhoill. D'ullmhaigh sé
an bricfeasta sa chistin. Bhailigh sé a leabhair scoile agus rothaigh sé ar scoil.
Cheannaigh sé cóipleabhar i siopa na scoile. Bhrostaigh sé isteach sa seomra
ranga agus thosaigh sé ag obair go dian. Ag am lóin, d'imigh sé amach sa chlós.
Shleamhnaigh sé ar an talamh agus ghortaigh sé a ghlúin. As sin amach
mhoilligh sé sa chlós. Tar éis an lóin chuidigh sé leis an múinteoir an bord dúlra
a ghlanadh. Chríochnaigh sé an obair sin agus d'imigh sé abhaile.

K   I do chóipleabhar, scríobh an scéal san aimsir láithreach
ag tosú mar seo: Dúisíonn Rónán go moch gach maidin.

L   I do chóipleabhar, scríobh an scéal san aimsir fháistineach
ag tosú mar seo: Dúiseoidh Rónán go moch maidin amárach.

M Críochnaigh an scéal.

Oíche Shamhna

go hiontach   an mheánscoil   ag siúl abhaile   d'inis siad
an triúr acu   in aon áit   ag magadh fúm   léine bhán   ró-shásta
Feicim   chonaic siad   a bhí ann   eagla an domhain
b'fhearr liom   ar nós na gaoithe   taobh thiar   Go tobann

Oíche Shamhna _____ _____ _____. Bhí an ghealach go hard sa spéir.
Bhí Peadar agus a chairde, Feargal agus Conn _____ _____ _____ ón
bpictiúrlann. Bhí an bóthar dorcha agus ní raibh solas _____ _____ _____.
Tar éis tamaill, shroich na buachaillí an choill. Thosaigh _____ _____ _____
ag caint is ag comhrá. 'Bhí an scannán sin _____ _____,' arsa Peadar.
'Bhí, ach _____ _____ an scannán a chonaiceamar an tseachtain seo caite.
_____ _____, shéid an ghaoth. Chuala na buachaillí scread ag teacht ón
gcoill. B'fhéidir go bhfuil bean sí _____ _____ den bhalla,' arsa Peadar.
'_____ taibhse', arsa Feargal. 'Ní chreidim thú,' arsa Conn. 'Tá tú _____
_____ _____'. I bpreab na súl, las tintreach an spéir. Chonaic na
buachaillí an taibhse! Bhí _____ _____ _____ orthu. Rith siad abhaile
_____ _____ _____ _____. Nuair a shroich siad an baile, _____ _____
an scéal do Dhaidí. Thosaigh Daidí ag gáire. Ní raibh na buachaillí _____.
An mhaidin dar gcionn, bhí na buachaillí ag siúl go dtí _____ _____.
Stop siad ag an gcoill agus _____ _____ an taibhse! Cad a bhí ann ach
_____ _____ ar líne éadaí!

N Nod don eolach!   Drámaíocht

Thug... + do / don

Thug sé leabhar do Neasa.

Thug na páistí leabhar don
mhúinteoir.

Cum dráma beag agus bain úsáid as na
frásaí seo:
- Sin sin!
- An bhfuil cead againn?
- Múinfidh sé sin ceacht daoibh.
- Níl cead againn...
- Tá brón orm. Tá brón orainn.
- Ach tá cead ag mo chairde go léir...

Seanfhocal na Seachtaine: Ní thagann ciall roimh aois.

11. Cuairt ar an Meánscoil

A Léigh an scéal.

Fáilte romhaibh go léir!

Go raibh maith agat!

Lá amháin i dtús an earraigh thug an príomhoide ón mheánscoil cuairt ar an mbunscoil. Thug sí cuireadh do na páistí i rang a sé teacht ar cuairt go dtí an mheánscoil. Cúpla lá ina dhiaidh sin, shiúil an múinteoir agus na páistí ó rang a sé síos an bóthar go dtí an mheánscoil. Bhuail an príomhoide leo ag doras na scoile agus chuir sí fáilte mhór rompu. Thug sí timpeall na scoile iad agus thaispeáin sí na seomraí go léir dóibh.

Chuaigh na páistí ó rang go rang agus chonaic siad gach éinne ag obair. Bhí rang adhmadóireachta ar siúl i seomra amháin agus bhí rang cócaireachta ar siúl sa chistin. Nuair a chuaigh na páistí isteach sa seomra ealaíne, chonaic Dónal a dheirfiúr Ciara. Bhí sí ag péinteáil. Chroith sí lámh leis.

Ansin chuaigh Dónal agus a chairde isteach sa halla. Chonaic siad rang eile ag imirt cispheile. Chaith an múinteoir spóirt an chispheil chuig Neasa. Rug Neasa ar an liathróid. Phreab sí an liathróid ar an urlár agus chuir sí sa chiseán í. Thug na daltaí meánscoile bualadh bos di. 'Maith thú,' arsa an múinteoir spóirt. 'Beidh tú ar fhoireann na scoile an bhliain seo chugainn.'

Go tobann, chuala siad clog na scoile. Cúpla nóiméad níos déanaí, bhí an áit dubh le daoine mar bhí na daltaí ag siúl ó rang go rang. Bhí ionadh an domhain ar na páistí. Ansin, chuaigh na páistí ó rang a sé isteach sa bhialann. Thug an príomhoide borróga agus deoch oráiste dóibh go léir. Ar a haon a chlog, bhí sé in am dul ar ais ar scoil. Nuair a shroich siad an bhunscoil, d'ith siad an lón agus thosaigh siad ag caint is ag comhrá.

Bócó	Táim ag tnúth leis an mheánscoil anois.
Siobhán	Thaitin an rang cócaireachta liom.
Múinteoir	Tá sé sin suimiúil, ach cad a dhéanfaidh sibh nuair a fhásann sibh suas?
Aoife	Ba mhaith liomsa a bheith i mo mhúinteoir.
Rossa	Ba mhaith liomsa a bheith i mo pheileadóir.
Colm	Ba mhaith liomsa obair ar an bhfeirm ach rachaidh mé go dtí an ollscoil freisin.
Brian	Ba mhaith liomsa a bheith i mo dhochtúir.
Niall	Agus beidh mise i mo bhanaltra san ospidéal céanna.
Dónal	Ba mhaith liomsa siopa éadaí a oscailt.
Cáit	Agus ba mhaith liomsa taisteal ar fud an domhain.

Ba mhaith liomsa dul go dtí an mheánscoil freisin!

An oíche sin, d'inis Neasa agus Rossa do Dhaidí faoin mheánscoil.

Rossa	Ba mhaith liomsa dul go dtí an scoil sin an bhliain seo chugainn.
Daidí	Sea, ach ní bheidh deoch oráiste agus borróga ar fáil gach lá.
Neasa	Bhí an mheánscoil go hiontach ach b'fhearr liomsa mo scoil féin.

B ![icon] Cúpla ceist

1. Cé a thug cuairt ar an meánscoil?

   _____

2. Cé a chuir fáilte roimh na páistí?

   _____

3. Cén rang a bhí ar siúl sa chistin?

   _____

4. Cad a bhí á dhéanamh ag Ciara?

   _____

5. Cad a bhí ar siúl sa halla?

   _____

6. Cad a tharla nuair a bhuail clog na scoile?

   _____

7. Céard a rinne na páistí nuair a shroich siad an bhunscoil?

   _____

8. Cén rang a thaitin le Siobhán?

   _____

9. Ar mhaith le Bócó a bheith ina múinteoir?

   _____

10. Cad ba mhaith leatsa a dhéanamh nuair a fhágann tú an mheánscoil?

   _____

C ![icon] Cuir na péirí briathra seo a leanas in abairtí.

1. Bhí... d'fhág...

   _____

2. Shiúil... bhuail (le)...

   _____

3. Chaith... rug...

   _____

4. Chonaic... chroith...

   _____

5. Chuaigh... thosaigh....

   _____

6. Thaispeáin... thaitin...

   _____

Nathanna Nua

D **Bhí rang cispheile ar siúl i halla na scoile.**

| scannán | raidió | oigheann | carnabhal | teilifís | cluiche peile | sa chistin |
| sa phictiúrlann | sa bhaile mór | sa pháirc | sa seomra suí | sa seomra codlata |

1. Bhí _____ ar siúl _____.

2. Bhí _____ ar siúl _____.

3. Bhí _____ ar siúl _____.

4. Bhí _____ ar siúl _____.

5. Bhí _____ ar siúl _____.

6. Bhí _____ ar siúl _____.

E **Críochnaigh na habairtí.**

1. Bhí an mheánscoil go hiontach ach b'fhearr liom _____.

2. Bhí _____ go hiontach ach b'fhearrr liom _____.

3. Bhí _____ go hálainn ach b'fhearrr liom _____.

4. Bhí _____ ar fheabhas ach b'fhearrr liom _____.

F **Bhí sé in am dul ar ais ar scoil.**

| an séipéal | an oifig | an bhialann | an leabharlann |

1. Bhí sé in am dul go dtí _____.

2. Bhí sé in am dul go dtí _____.

3. Bhí sé in am dul go dtí _____.

4. Bhí sé in am dul go dtí _____.

G **Caint is comhrá**

1. Cá mbeidh tú ag dul ar scoil an bhliain seo chugainn?
2. Cé hiad na páistí sa rang a bheidh ag dul in éineacht leat?
3. An maith leat an bhunscoil?

H Briathra Neamhrialta Le Foghlaim   Aimsir Láithreach

Aimsir Chaite Inné	Aimsir Láithreach Gach Lá	Aimsir Chaite Inné	Aimsir Láithreach Gach Lá
Dúirt mé	Deirim	Chonaic mé	Feicim
Tháinig mé	Tagaim	Rug mé	Beirim
Rinne mé	Déanaim	Fuair mé	Faighim
D'ith mé	Ithim	Chuaigh mé	Téim
Thug mé	Tugaim	Bhí mé	Bím
Chuala mé	Cloisim		

 I Léigh an scéal.

Tháinig mé abhaile ón scoil ar a leathuair tar éis a trí inné. Rinne mé ceapaire folláin sa chistin agus d'ith mé é. Thug mé gloine bhainne do mo dheirfiúr óg. Chuala mé mo chairde ag caint is ag gáire. Chonaic mé iad ag imirt iománaíochta ar an bhfaiche. Rug mé ar mo chamán agus fuair mé sliotar faoin staighre. Dúirt mé le mo mháthair go raibh mé ag dul amach. Chuaigh mé amach ar an bhfaiche agus bhí mé ag imirt iománaíochta go dtí a seacht a chlog.

 J Scríobh an scéal ag tosú mar seo:

Tagaim abhaile ón scoil ar a leathuair tar éis a trí gach lá.

 K Cuir na focail seo a leanas in abairtí i do chóipleabhar.

- Rug mé
- Chuala mé
- Chonaic mé
- Bím
- Deirim
- Tagaim

 L Léigh agus foghlaim Dán na mBriathra Neamhrialta ar leathanach 140.

 M Ar an dlúthdhiosca, éist le rap na mbriathra neamhrialta. Cuir do cheol agus do rince féin leis.

N Athscríobh na habairtí.

1. na páistí   go dtí   i dtús an earraigh   an pháirc.   Lá amháin   chuaigh

   _____

2. an peileadóir   agus   Chaith   rug   an chispheil   uirthi.   an garda

   _____

3. chuala   d'fhág siad   clog na scoile   Nuair a   na páistí   an halla.

   _____

4. an mheánscoil.   a bheith   nuair a   Ba mhaith liomsa   i mo ghruagaire   fhágaim

   _____

5. don sagart   ar maidin.   an tseanbhean   D'inis   an scéal   sa bhaile mór

   _____

O Dialann phearsanta.

Mise, mé féin

_____ is ainm dom. Táim _____ d'aois. Tá _____ páistí i mo chlann. Tá cónaí orm i _____. Is maith liom a bheith ag _____. Tá eagla orm roimh _____. Tá/Níl _____ peata agam.

Mise, ar scoil

Táim i Scoil _____. Táim i rang a _____. _____ is ainm do mo chara. Ar scoil, is maith liom _____ ach ní maith liom _____. _____ is ainm do mo mhúinteoir.

P Nod don eolach!

Rug... + **ar**
Rug sé ar an madra.

D'fhéach... + **ar**
D'fhéach mé ar an teilifis.

Ghlaoigh... + **ar**
Ghlaoigh sí ar na gardaí.

Drámaíocht

Cum dráma beag agus bain úsáid as na frásaí seo:
- Maith thú!
- Cad a dhéanfaimid?
- Tá carnabhal ar siúl...
- go hiontach
- ba mhaith liom/b'fhearr liom

Seanfhocal na Seachtaine: **Is fearr an tsláinte ná na táinte.**

12. Ar Saoire sa Fhrainc

Bhí an chlann ar saoire sa Fhrainc. Chuaigh Daidí agus na páistí ag siopadóireacht san ollmhargadh.

Thóg Daidí tralaí. Chuaigh sé ó sheilf go seilf. Fuair sé arán ar sheilf amháin. Fuair sé brioscaí ar sheilf eile agus fuair sé im sa chuisneoir.

Ansin fuair sé cúpla buidéal uisce, leitís, liamhás agus cáis. Chuir sé sa tralaí iad. Bhí sé an-sásta leis féin.

Chonaic Neasa cosa loscáin i bpróca ar sheilf. Chonaic Rossa próca seilidí. D'fhéach an bheirt acu ar a chéile. Thosaigh siad ag gáire.

Rinne mé dearmad ar na húlla.

Rinne Daidí dearmad ar na húlla. Rith sé ar ais go dtí cuntar na dtorthaí. D'fhág sé an tralaí leis na páistí.

Leis sin, chaith na páistí na cosa loscáin agus na seilidí isteach sa tralaí. Chuaigh siad suas go dtí an cuntar.

Tháinig Daidí go dtí an cuntar le mála úll. Faoin am seo bhí na hearraí go léir sna málaí ag na páistí. Chaith Daidí na húlla i mála agus d'íoc sé as na hearraí go léir. Chuaigh siad go dtí an carr ansin. Chuir siad na hearraí sa bhúit.

Nuair a shroich siad an carbhán chuir na páistí na hearraí go léir ar an mbord. Chuir siad na cosa loscáin agus na seilidí sa chuisneoir. Ní fhaca Daidí iad. Bhí na páistí sna trithí gáire.

Rith na páistí amach an doras agus chuaigh siad go dtí an linn snámha. Leis sin, chonaic Mamaí na cosa loscáin agus na seilidí sa chuisneoir. Ní raibh a fhios aici céard a bhí ann. Lig sí béic aisti.

Mamaí Go bhfóire Dia orainn!

Daidí Cad atá cearr leat?

Mamaí Cad iad seo sa chuisneoir?

Daidí Níl a fhios agam.
Níor cheannaigh mise iad sin.

Mamaí Tá na páistí ag imirt cleas orainn.

Tá an dinnéar seo go hálainn. Céard é féin?

Sin béile deas Francach – seilidí agus cosa loscáin!

Um thráthnóna, tháinig na páistí abhaile. Bhí ocras an domhain orthu. Shuigh siad chun boird agus thosaigh siad ag ithe. Níorbh fhada go raibh an dinnéar ite.

Ansin d'inis Mamaí dóibh cad a bhí sa dinnéar. Ní raibh na páistí ró-shásta. Thosaigh Mamaí agus Daidí ag gáire.

B **Cúpla ceist**

1. Cá raibh an chlann ar saoire?

   _____

2. Céard a chuir Daidí sa tralaí?

   _____

3. An ndearna Daidí dearmad ar an liamhás?

   _____

4. Céard a chuir na páistí isteach sa tralaí?

   _____

5. Cé a líon na málaí ag an gcuntar?

   _____

6. Nuair a chuaigh na páistí abhaile, cá ndeachaigh siad?

   _____

7. Cén fáth ar lig Mamaí béic aisti?

   _____

8. Céard a d'ith na páistí don dinnéar?

   _____

9. An raibh ocras ar na páistí um thráthnóna?

   _____

10. Ar thaitin an béile leo?

   _____

C **Líon na bearnaí.**

D'íoc	Fuair	Lig	Ní fhaca	Rinne	Tháinig

1. _____ an máistir béic as nuair a chonaic sé an luch sa seomra ranga.
2. _____ an fiaclóir sailéad breá folláin sa chistin ag am lóin.
3. _____ an feirmeoir as an irisleabhar sa siopa nuachtán inné.
4. _____ an dochtúir cúpla buidéal uisce ar an tseilf inniu.
5. _____ an gadaí abhaile ar a seacht a chlog an oíche sin.
6. _____ an leabharlannaí Gordó ag léamh sa leabharlann ar maidin.

D **Cuir na briathra thuas san aimsir fháistineach agus cum abairtí i do chóipleabhar.**

Nathanna Nua

E  **Níorbh fhada go raibh an pláta glanta.**

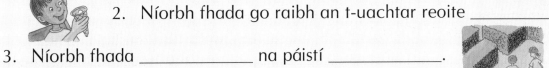

| déanta | ite | caillte | ólta | imithe | briste |

1. Níorbh fhada go raibh an t-airgead go léir _____.

2. Níorbh fhada go raibh an t-uachtar reoite _____.

3. Níorbh fhada _____ na páistí _____.

4. _____ an gloine bhainne _____.

5. _____ an obair bhaile _____.

6. _____ _____.

F **Rinne Daidí dearmad ar na húlla.**

| bean an phoist | rúnaí | feirmeoir | píolóta | peileadóir | gruagaire |
| siosúr | litir | leabhar nótaí | an cás | liathróid | caora |

1. Rinne ___ an _____ dearmad ar an ___ g _____

2. Rinne ___ an _____ dearmad ar an ___ _____

3. Rinne ___ an _____ dearmad ar an ___ _____

4. Rinne ___ an _____ dearmad ar an ___ _____

5. Rinne ___ an _____ dearmad ar an ___ _____

6. Rinne ___ _____ dearmad ar an ___ _____

G **Caint is comhrá**

1. Cá raibh tú ar saoire anuraidh?
2. Cén saghas béile is maith leat?
3. Ar ith tú cosa loscáin nó seilide riamh?
4. Ar imir tú cleas riamh? Céard a rinne tú?

H Briathra Neamhrialta

Aimsir Chaite Inné	Aimsir Láithreach Gach Lá	Aimsir Fháistineach Amárach
Dúirt sé/ sí	Deir sé/ sí	Déarfaidh sé/ sí
Tháinig sé/ sí	Tagann sé/ sí	Tiocfaidh sé/ sí
Rinne sé/ sí	Déanann sé/ sí	Déanfaidh sé/ sí
D'ith sé/ sí	Itheann sé/ sí	Íosfaidh sé/ sí
Thug sé/ sí	Tugann sé/ sí	Tabharfaidh sé/ sí
Chuala sé/ sí	Cloiseann sé/ sí	Cloisfidh sé/ sí
Chonaic sé/ sí	Feiceann sé/ sí	Feicfidh sé/ sí
Rug sé/ sí	Beireann sé/ sí	Béarfaidh sé/ sí
Fuair sé/ sí	Faigheann sé/ sí	Gheobhaidh sé/ sí
Chuaigh sé/ sí	Téann sé/ sí	Rachaidh sé/ sí
Bhí sé/ sí	Bíonn sé/ sí	Beidh sé/ sí

I Léigh an scéal.

Tháinig Siobhán abhaile ón scoil ar a leathuair tar éis a trí inné. Rinne sí ceapaire folláin sa chistin agus d'ith sí é. Thug sí gloine bhainne dá deirfiúr óg. Chuala sí a cairde ag caint is ag gáire. Chonaic sí iad ag imirt iománaíochta ar an bhfaiche. Rug sí ar a camán agus fuair sí sliotar faoin staighre. Dúirt sí lena máthair go raibh sí ag dul amach. Chuaigh sí amach ar an bhfaiche agus bhí sí ag iománaíocht go dtí a seacht a chlog.

J I do chóipleabhar, scríobh an scéal san aimsir láithreach ag tosú mar seo:

Tagann Siobhán abhaile ón scoil ar a leathuair tar éis a trí gach lá.

K I do chóipleabhar, scríobh an scéal san aimsir fháistineach ag tosú mar seo:

Tiocfaidh Siobhán abhaile ón scoil ar a leathuair tar éis a trí amárach.

L Athscríobh na habairtí.

1. san Iodáil   Bhí   anuraidh.   an chlann   ar saoire

_____

2. an rúnaí   aréir.   na glasraí   Rinne   dearmad ar

_____

3. na hearraí   sna málaí   Cuireann   gach lá.   an siopadóir

_____

4. abhaile   um thráthnóna.   Tháinig   an bhanaltra

_____

5. bosca seacláidí   san ollmhargadh.   na cailíní   Chonaic   ar sheilf

_____

M Subh Mhilis

Bhí subh mhilis
Ar bhaschrann an dorais,
Ach mhúch mé an corraí
Ionam a d'éirigh,

Mar smaoinigh mé ar an lá
A bheas an bhaschrann glan,
Agus an lámh bheag
Ar iarraidh.

Séamas Ó Néill

N Nod don eolach!   Drámaíocht

D'éist … + le / leis
Bhuail … + le / leis

D'éist mé le Mamaí.   D'éist sé leis an raidió
Bhuail tú le Seán.   Bhuail tú leis an gcat.
D'éist sé le Daidí.   D'éist sé leis an gceol.
Bhuail sí le Cáit.   Bhuail sí leis an rúnaí.

Cum dráma beag agus bain úsáid as na frásaí seo:
- Rinne tú dearmad ar….
- Níl a fhios agam.
- Cad atá cearr leat?
- Tá an béile seo go hálainn.
- Céard é féin?

Seanfhocal na Seachtaine: Nuair a bhíonn an bolg lán is maith leis na cnámha síneadh.

Súil Siar C

A Líon na bearnaí.

Trasna:

1.
6.
7.
8.
11.

14.
15.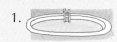
16.
17.
18.

Síos:

1.
2.
3.
4.
5.

9.
10.
12.
13.

B Líon na bearnaí.

| Bíonn | Téigh | Rachaidh | Tabharfaidh | Chuala | Íosfaidh | Ní fhaca | Feiceann |

1. _____ an chlann go dtí an trá amárach.

2. _____ na páistí an bus ag teacht timpeall an chúinne.

3. _____ cluiche peile ar siúl i bPáirc an Chrócaigh gach Domhnach.

4. _____ an siopadóir sóinseáil do Cholm amárach.

5. '_____ go dtí an oifig', arsa an múinteoir.

6. _____ Neasa na héin ag canadh go moch ar maidin.

7. _____ an píolóta scairdeitleán san aerfort gach lá.

8. _____ Bócó ceapaire ag am lóin amárach.

78

C Scríobh an scéal.

Teach trí thine

Lá fuar   soilse tráchta   an bheirt acu   lasracha
ag caint is ag comhrá   teach trí thine

_____

_____

_____

_____

_____

_____

chuir sí fios ar   briogáid dóiteáin   I bpreab na súl
fón póca   ar nós na gaoithe   Déan deifir!

_____

_____

_____

_____

_____

_____

seanbhean   ag crith le heagla   dath an bháis
uisce   rinne siad iarracht   mhúch   cois na tine
cupán tae   ceart go leor   tuirseach traochta

_____

_____

_____

_____

_____

_____

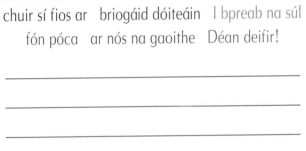

13. Cian i bhFeighil an Tí

Maidin Dé Sathairn a bhí ann. Bhí Mamaí agus Daidí ag dul go dtí an baile mór. D'fhág siad Cian i bhfeighil an tí.

Daidí	Tabhair aire do na cailíní agus ná déan aon rud amaideach!
Cian	Daid! Táim cúig bliana déag d'aois! Ná bí buartha.
Mamaí	Tabhair seans dó. Beidh sé ceart go leor.

Chuaigh Daidí agus Mamaí isteach sa charr. D'fhág siad slán le Cian agus na cailíní.

Nuair a dhún Cian an doras, rith sé suas an staighre. Léim sé isteach sa leaba. Níor dhúisigh sé go dtí a haon déag a chlog.

Síos an staighre leis agus chonaic sé Siobhán agus Róisín sa seomra suí.
Bhí an seomra trína chéile. Bhí fearg ar Chian.
Thosaigh sé ag tabhairt íde béil do na cailíní.

Cian	Tá mise i gceannas anseo. Cuir slacht ar an seomra seo.
Róisín	Ná bí ag tabhairt íde béil dúinn. Tá clár iontach ar an teilifís.
Cian	Múch an teilifís anois díreach.
Siobhán	Is maistín mór tú.
Cian	Faigh an folúsghlantóir, a Shiobhán. Líon an meaisín níocháin, a Róisín.

Chaith Cian an mhaidin go léir ag tabhairt orduithe do na cailíní. Ní dhearna sé mórán oibre é féin ach chuir sé torthaí sa mheaisín meascáin. Rinne sé deoch álainn don triúr acu. Bhí áthas an domhain ar na cailíní.
Ansin thosaigh Cian ag tabhairt orduithe arís.

Cian	A Róisín, cuir slacht ar an gcistin anois.
Róisín	Ní dhearna mise an salachar. Glan tú féin é.
Cian	Ach tá mise i gceannas. Siobhán, déanfaidh mé scrúdú ar an seomra codlata i gceann cúpla nóiméad.
Siobhán	Táimíd bréan de seo.
Cian	Ach tá mise i gceannas.
Siobhán	Réabhlóid!!
Róisín	Raic!!

Rith na cailíní suas an staighre. Rug siad ar na piliúir. Thosaigh siad ag troid le Cian. Tar éis tamaill bhí an seomra codlata trína chéile.

Rith Cian síos an staighre. Rith na cailíní ina dhiaidh ar nós na gaoithe. Ach tubaiste! Thit Róisín ar an staighre. Thosaigh a srón ag cur fola agus bhí cnapán mór ar a cláréadan.

Siobhán	Róisín bhocht!
Cian	Cuideoidh mé leat. Fan socair.

Díreach ansin chuala siad an doras ag oscailt. Cé a bhí ann ach Mamaí agus Daidí. Bhí fearg an domhain orthu. Thug siad íde béil do Chian. Chaith sé an tráthnóna ag obair sa teach.

B Cúpla ceist

1. Cé a bhí i bhfeighil an tí?

   _____

2. Conas a chuaigh Daidí agus Mamaí go dtí an baile mór?

   _____

3. Céard a rinne Cian nuair a d'fhág Daidí agus Mamaí?

   _____

4. Cén t-am a dhúisigh sé?

   _____

5. Cad a bhí á dhéanamh ag Siobhán agus Róisín?

   _____

6. Cé a bhí ag tabhairt orduithe?

   _____

7. Cén fáth a raibh áthas ar na cailíní?

   _____

8. An raibh an seomra suí trína chéile?

   _____

9. Cad a tharla nuair a rith na cailíní síos an staighre?

   _____

10. Cé a bhí ag an doras?

   _____

C Críochnaigh na habairtí.

Ní dhearna	Cuideoidh	Déanfaidh	Chaith	Chuaigh	Níor dhúisigh

1. _____ Cian go dtí a haon déag a chlog inné.

2. _____ Rossa ceapaire dó féin sa chistin anocht.

3. _____ Bócó an tráthnóna ag léamh sa leabharlann.

4. _____ Aoife ag rith sa pháirc lena cairde.

5. _____ Rossa an obair bhaile aréir.

6. _____ Dónal le Daidí sa chistin amárach.

7. Beidh _____.

8. Dhún _____.

Nathanna Nua

D Seo leat... **Chaith Cian an mhaidin go léir ag tabhairt ordaithe do na cailíní.**

an feighlí	an chlann	an t-innealtóir	an sagart	an rúnaí
ag léamh	ag obair	ag scuabadh	ag siúl	ag iascaireacht

1. Chaith _____ uair an chloig _____ sa leabharlann.

2. Chaith _____ an deireadh seachtaine _____ sna sléibhte.

3. Chaith _____ tamall _____ duilleog i gclós na scoile.

4. Chaith _____ an lá _____ ar an ríomhaire.

5. Chaith _____ an tráthnóna _____ ar an loch.

E Seo leat... **Bhí Cian i bhfeighil an tí inné.**

Tá mise i gceannas anseo.	Tá mise i gceannas anseo.	Tá mise i gceannas anseo.	Tá mise i gceannas anseo.	Tá mise i gceannas anseo.

Líon na bearnaí agus críochnaigh na habairtí.

1. Bhí _____ i bhfeighil an ospidéil _____.
2. Bhí _____ i bhfeighil an aerfoirt _____.
3. Bhí _____ i bhfeighil an tsiopa _____.
4. Bhí _____ i bhfeighil na scoile _____.
5. Bhí _____ i bhfeighil an tí _____.

F **Caint is comhrá**

1. An raibh tú riamh i bhfeighil an tí?   3. Cad a tharla?

2. Ar tharla aon tubaiste?   4. Ar mhaith leat a bheith i bhfeighil na scoile?

G Gramadach   Orduithe
Na Briathra Rialta

Ordú	Freagra	Ordú	Freagra
Ól	Ólfaidh mé	Tosaigh	Tosóidh mé
Dún	Dúnfaidh mé	Ceannaigh	Ceannóidh mé
Bris	Brisfidh mé	Imigh	Imeoidh mé
Cuir	Cuirfidh mé	Dúisigh	Dúiseoidh mé

H Freagair na horduithe.

1. Dún an fhuinneog. _____ mé an fhuinneog.
2. Tóg amach do leabhar. _____ mé amach mo leabhar.
3. Oscail an doras. _____ mé an doras.
4. Tosaigh ag obair. _____ mé ag obair.

I Na Briathra Neamhrialta

Ordú	Freagra	Ordú	Freagra
Abair	Déarfaidh mé	Feic	Feicfidh mé
Beir	Béarfaidh mé	Ith	Íosfaidh mé
Bí	Beidh mé	Tabhair	Tabharfaidh mé
Clois	Cloisfidh mé	Tar	Tiocfaidh mé
Déan	Déanfaidh mé	Téigh	Rachaidh mé
Faigh	Gheobhaidh mé		

J Freagair na horduithe.

1. Abair an dán. _____ mé an dán.
2. Beir ar an liathróid. _____ mé ar an liathróid.
3. Bí go maith. _____ mé go maith.
4. Déan an obair bhaile. _____ mé an obair bhaile.
5. Faigh an rothar. _____ mé an rothar.
6. Ith an ceapaire. _____ mé an ceapaire.
7. Tabhair an peann dom. _____ mé an peann duit.
8 Tar abhaile. _____ mé abhaile.
q. Téigh go dtí an oifig. _____ mé go dtí an oifig.

K Críochnaigh an scéal.

An Folúsghlantóir

> Cuideoidh   ar cuairt   a bhí ann   na bréagáin   seomra suí   an ríomhaire   briste
> ar fud na háite   in éineacht leis   Tar éis tamaill   an folúsghlantóir   ó bhun go barr
> ró-shásta   an bheirt acu   d'fhág   an staighre   ina chodladh   den bhord

An Satharn ____ _____ _____ agus bhí Séimí ag súgradh sa ghairdín. Bhí a chairde ag teacht ____ _____. 'Cuir slacht ar do sheomra codlata,' arsa Mamaí. '_____ mé leat,' arsa Rossa. Chuaigh ____ _____ _____ suas an staighre ach thosaigh Rossa ag súgradh ar ____ _____. Thosaigh Séimí ag obair. Bhí Gordó ____ _____ _____. Chuaigh siad isteach sa seomra codlata. Rith Gordó isteach faoin leaba. Chuir Séimí ____ _____ sa bhosca bréagán. Chuir sé na héadaí sa tarraiceán. Ansin phioc Séimí suas na stocaí agus na bróga. _____ _____ _____, bhí an seomra deas néata. Ach tubaiste! Nuair a _____ Séimí an seomra codlata, tharraing Gordó na héadaí amach as an tarraiceán. Chuaigh Séimí síos _____ _____. Fuair sé an folúsghlantóir. Chuaigh sé isteach sa seomra suí. Chuir sé ____ _____ ar siúl agus thosaigh sé ag obair. Bhí an seomra suí go hálainn. Amach an doras le Séimí ach rith Gordó isteach sa _____ _____. Rith sé timpeall agus timpeall. Ach tubaiste! Leag sé vása _____ _____. Bhí an vása _____. Chuir Séimí slacht ar an gcistin. Ach tubaiste! Tháinig Gordó isteach agus thóg sé paicéad brioscaí as an gcófra. Tar éis tamaill, bhí na brioscaí ____ _____ ____ _____. Chuir Séimí an folúsghlantóir faoin staighre. Leis sin, tháinig Mamaí isteach. Dúirt Séimí go raibh an teach glan ____ _____ ____ _____. Chuaigh Mamaí ó sheomra go seomra. Bhí an teach trína chéile! Ní raibh Mamaí _____. Bhí Séimí i dtrioblóid ach bhí Gordó ____ _____ go sámh sa chiseán. Séimí bocht!

L Nod don eolach!

> suas   thuas   anuas
>
> Chuaigh Séimí suas an staighre.
>
> Tá sé thuas.
>
> Tiocfaidh sé anuas.

Drámaíocht

Cum dráma beag agus bain úsáid as na frásaí seo:
- Ná bí buartha.
- Cuir slacht ar…
- Réabhlóid!
- Raic!
- Tá mise i gceannas anseo.
- Tabhair seans dó.

A 📚 Léigh an scéal.

Bhí Aoife agus Bócó ag rothaíocht abhaile ón scoil.
Stop siad in aice leis na soilse tráchta.
Chonaic siad seanfhear dall ar thaobh an bhóthair.
Bhí carranna ag rásaíocht suas síos an bóthar.
Chuir an seanfhear cos amháin amach ar an mbóthar.
Go tobann, chuala na páistí carr ag scréachaíl.
Phreab an seanfhear. Thosaigh sé ag crith le heagla.

Léim Bócó den rothar agus thug sí a rothar do Aoife. 'Cuideoidh mé leat,' arsa Bócó leis an seanfhear. Bhrúigh Aoife an cnaipe ar na soilse tráchta. Tar éis tamaill, thosaigh an fear glas ag lonradh.
Shiúil Bócó agus an seanfhear trasna an bhóthair. 'Go raibh míle maith agat,' arsa an seanfhear le Bócó. 'Fáilte romhat,' arsa Bócó agus d'fhág sí slán leis an seanfhear.

Nuair a chuaigh Bócó trasna an bhóthair arís, chonaic sí cárta beag ar an talamh.
Cárta lotto a bhí ann. Scríob Bócó an cárta.
Níor bhuaigh sí aon airgead ach bhí trí réalta ar an gcárta. Bhí áthas an domhain ar na cailíní.

Fuaireamar an cárta seo ar an talamh.

Táimid ró-óg le cur isteach ar an gcomórtas.

Cuirfidh mise m'ainm ar an gcárta.

Rothaigh siad abhaile ar nós na gaoithe. Bhí Aintín Máire sa bhaile ar cuairt ón mBruiséil. Thug siad an cárta d'Aintín Máire. An tráthnóna sin, chuir Aintín Máire an cárta sa phost. Cúpla lá ina dhiaidh sin, chuaigh sí ar ais go dtí an Bhruiséil.

Ag an deireadh seachtaine d'fhéach na cailíní ar an gclár 'Lotto Luachmhar'. Bhí siad ar bís. Bhí ionadh an domhain orthu nuair a chuala siad an láithreoir ag glaoch ainm Aintín Máire!

Fuair na páistí cead ó Mhamaí glaoch a chur ar Aintín Máire. Bhí áthas an domhain uirthi nuair a chuala sí an dea-scéal. Bhí sí ag teacht abhaile don chomórtas gan dabht ar bith.

Caithfidh tú teacht abhaile arís.

Ba bhreá liom a bheith ar an teilifís.

Comhghairdeas!

An deireadh seachtaine dar gcionn chuaigh na páistí go dtí an aerfort. Nuair a thuirling Aintín Máire den eitleán, chuir gach éinne fáilte mhór roimpi.

An lá dar gcionn, bhí sceitimíní ar gach éinne. Chuir Aintín Máire éadaí galánta uirthi agus d'fhéach sí go hálainn.
Chuaigh an chlann agus na cairde go dtí an stiúideo teilifíse. Bhí na páistí ró-óg le bheith sa chomórtas ach bhí siad sa lucht féachana.

Maith thú! Maith thú!

Thosaigh an clár teilifíse ar a seacht a chlog. D'éirigh go hiontach le Aintín Máire sa chomórtas. Bhuaigh sí carr nua agus deich míle euro. Ach an duais ab fhearr – bhuaigh sí saoire do cheathrar chuig Euro Disney! Chuaigh Mamó in éineacht léi – agus cé eile? Aoife agus Bócó dar ndóigh.

B ![icon] Cúpla ceist

1. Cé a bhí ag rothaíocht abhaile ón scoil?

   _____

2. Cén fáth ar phreab an seanfhear?

   _____

3. Cé a chuidigh leis an seanfhear?

   _____

4. Céard a bhí ar an talamh?

   _____

5. Cé a tháinig ar cuairt ón mBruiséil?

   _____

6. An bhfuair na páistí cead ó Mhamaí glaoch ar Aintín Máire?

   _____

7. Cé a chuaigh go dtí an stiúideo teilifíse?

   _____

8. Cathain a thosaigh an clár teilifíse?

   _____

9. An raibh Gordó sa lucht féachana?

   _____

10. Céard a bhuaigh Aintín Máire?

   _____

C ![icon] Scríobh an briathar ceart.

1. Bhrúigh/Bhuaigh   _____ Tomás an cnaipe ar an teilifís inné.

2. Chuir/Thosaigh   _____ an seanfhear ag siúl trasna an bhóthair.

3. Chuaigh/Phreab   _____ an tseanbhean nuair a scread na páistí.

4. Rothaigh/Stop   _____ Bócó síos an bóthar ar nós na gaoithe.

5. Shiúil/D'fhág   _____ an t-eitleán an t-aerfort ar a ceathrú chun a trí.

6. Thug/Thuirling   _____ an cailín den rothar ag na soilse tráchta.

Nathanna Nua

D Seo leat... **D'éirigh go hiontach le hAintín Máire sa chomórtas.**

foireann scoile páistí eolaí óg aisteoir fear óg
sa chomórtas ceoil sa chluiche peile **sa scrúdú** sa dráma sa tionscnamh

1. D'éirigh go hiontach leis an _____.

2. D'éirigh go hiontach leis na _____.

3. D'éirigh go hiontach leis an _____.

4. D'éirigh go hiontach leis an bh_____.

5. D'éirigh go hiontach leis an bh _____.

E Seo leat... **Fuair na páistí cead ó Mhamaí glaoch teileafóin a chur ar Aintín Máire.**

seacláid a cheannach an bóthar a thrasnú an clós a ghlanadh
féachaint ar an bpictiúr dul abhaile

1. Fuair na páistí cead ón mhúinteoir _____.
2. Fuair siad cead ó Mhamó _____.
3. Fuair siad cead ón maor tráchta _____.
4. Fuair siad cead ón bpríomhoide _____.
5. Fuair siad cead ón ealaíontóir _____.

F **Cuir na frásaí seo a leanas in abairtí.**

1. i lár na cathrach: _____.
2. i lár na páirce: _____.
3. i lár an locha: _____.
4. i lár na hoíche: _____.

G **Caint is comhrá**

1. Ar bhuaigh tú comórtas riamh?
2. Céard a bhuaigh tú?

3. Ar chuidigh tú le duine riamh?
4. Céard a rinne tú?

H

salach		glan	
saibhir		bocht	
milis		searbh	
trom		éadrom	
díreach		cam	
lán		folamh	
fada		gearr	
folláin		mífholláin	
sásta		míshásta	

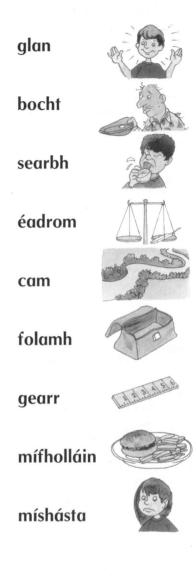

I Líon na bearnaí.

1. Bhí Tomás _____ nuair a fuair sé cáca _____ dá bhreithlá.

2. Bhí an bóthar _____ agus _____.

3. Bhí an mála _____ ach bhí bia _____ ann.

4. Bhí an feirmeoir _____ mar bhí an cuisneoir _____.

5. Bhí carr _____ ag an seanfhear _____.

6. Bhí an gadaí _____ nuair a

chonaic sé an mála _____ d'ór.

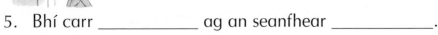

90

J An teilifís agus an ríomhaire
Le Foghlaim

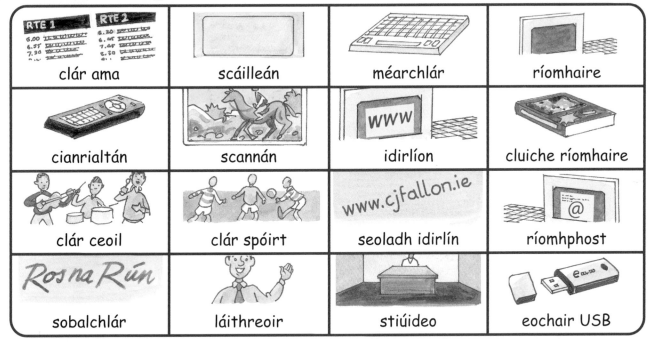

clár ama	scáilleán	méarchlár	ríomhaire
cianrialtán	scannán	idirlíon	cluiche ríomhaire
clár ceoil	clár spóirt	seoladh idirlín	ríomhphost
sobalchlár	láithreoir	stiúideo	eochair USB

K   Críochnaigh na habairtí seo a leanas.
Bain úsáid as an bhfoclóir thuas.

1. Tar éis tamaill, _____

2. An tráthnóna sin, _____

3. Go tobann, _____

4. Cúpla lá ina dhiaidh sin, _____

5. Ag an deireadh seachtaine, _____

6. An lá dar gcionn, _____

L   Nod don eolach!   Drámaíocht

síos   thíos   aníos
Chuaigh Séimí síos an cnoc.
Tá sé thíos.
Tiocfaidh sé aníos.

Cum dráma beag agus bain úsáid as na frásaí seo:
- Cuideoidh mé leat.
- Go raibh míle maith agat.
- Tá fáilte romhat.
- Táimid ró-óg.
- Comhghairdeas.

Seanfhocal na Seachtaine: Ar scáth a chéile a mhaireann na daoine.

15. Déanach don Scoil

A  Léigh an scéal.

An Luan a bhí ann agus bhí Colm i dtrioblóid. Bhí sé déanach don scoil. Bhí an múinteoir ag tabhairt íde béil dó.

Múinteoir	Cén t-am a thosaíonn an scoil, a Choilm?
Colm	Tosaíonn an scoil ar a naoi a chlog, a mhúinteoir.
Múinteoir	Agus cén t-am é anois?
Colm	Tá sé deich tar éis a naoi.
Múinteoir	Agus tá tusa déanach don scoil.
Colm	Tá brón orm, a mhúinteoir.
Múinteoir	Agus cén leithscéal atá agat inniu?
Colm	Níor dhúisigh mé in am mar tá mo chlog aláraim briste.
Múinteoir	Bíonn tú déanach don scoil gach lá, a Choilm.
Colm	Bíonn, a mhúinteoir ach bíonn leithscéal maith agam i gcónaí.
Múinteoir	Suigh síos go tapa agus tosaigh ag obair!

Go bhfóire Dia orm! Beidh mé i dtrioblóid arís! Mise bocht.

An mhaidin dar gcionn, d'éirigh Colm go luath ach thosaigh sé ag féachaint ar an teilifís. Tar éis tamaill, d'fhéach sé ar a uaireadóir. Bhí sé a naoi a chlog. Phreab sé suas ón gcathaoir. Rith sé amach an doras agus léim sé ar a rothar.

Dia duit a mhúinteoir. Déan deifir nó beidh tú déanach don scoil.

Nuair a shroich sé barr an bhóthair, bhí sé cúig tar éis a naoi. Rothaigh sé síos an cnoc ar nós na gaoithe. Ansin, chonaic sé carr ar thaobh an bhóthair. Cé a bhí ann ach an múinteoir. Bhí roth pollta aici. Bhí sí ag caint ar an bhfón póca.

Stop Colm. Léim sé den rothar. Chuidigh sé leis an múinteoir an roth a athrú. I bpreab na súl bhí roth nua ar an gcarr.

Nuair a shroich Colm geata na scoile, cé a bhí ina seasamh ansin ach an príomhoide. Colm bocht! Bhí a fhios aige go raibh sé i dtrioblóid arís.

Príomhoide	Cén t-am a thosaíonn an scoil, a Choilm?
Colm	Tosaíonn an scoil ar a naoi a chlog, a phríomhoide.
Príomhoide	Agus cén t-am é anois?
Colm	Tá sé ceathrú tar éis a naoi.
Príomhoide	Agus tá tusa déanach don scoil – arís!
Colm	Tá brón orm, a phríomhoide.
Príomhoide	Agus cén leithscéal atá agat inniu?
Colm	Bhuel…
Múinteoir	Bhí sé ag cuidiú liomsa. Bhí roth pollta agam.

Chas Colm timpeall agus cé a bhí taobh thiar de ach an múinteoir. Bhí áthas an domhain ar Cholm í a fheiceáil. B'shin é an leithscéal ab fhearr a bhí aige riamh.

Maith thú, a Choilm.

B Cúpla ceist

1. Cén fáth a raibh Colm i dtrioblóid?

   _____

2. Cé a bhí ag tabhairt íde béil dó?

   _____

3. Cén t-am a thosaíonn an scoil gach lá?

   _____

4. Cén fáth a raibh Colm déanach an mhaidin dar gcionn?

   _____

5. Céard a chonaic Colm ar thaobh an bhóthair?

   _____

6. Cé a bhí ag caint ar an bhfón póca?

   _____

7. An raibh roth pollta ar an rothar?

   _____

8. Ar chuidigh Colm leis an bpríomhoide?

   _____

9. Cén t-am a shroich Colm an scoil?

   _____

10. An mbíonn tusa riamh déanach don scoil?

   _____

C Críochnaigh na habairtí.

| Níor dhúisigh | Phreab | Chonaic | D'éirigh | Shroich | Léim |

1. _____ Colm ar a rothar agus síos an bóthar leis.
2. _____ Daidí nuair a chuala sé cnag ar an doras.
3. _____ Colm in am mar bhí sé tuirseach traochta.
4. _____ an múinteoir an scoil ar a hocht a chlog.
5. _____ Neasa ar a seacht a chlog ar maidin.
6. _____ Mamaí na páistí ag súgradh sa ghairdín.
7. Bíonn _____.
8. Tosaíonn _____.

Nathanna Nua

D **An bhfuil aon leithscéal agat?**

Stróic…	Ghoid…	Chaill…
Chuir… i bhfolach	Shéid…	D'fhág…

E **Cén leithscéal atá agat inniu? Céard a tharla?**
Scríobh abairt iontach do gach pictiúr.

1. Stróic _____.
2. Ghoid _____.
3. Chaill _____.
4. Chuir _____.
5. Shéid _____.
6. D'fhág _____.

F **Ábhair Scoile Cén ábhair scoile is maith leat?**
Is maith liom… / Ní maith liom…

Gaeilge

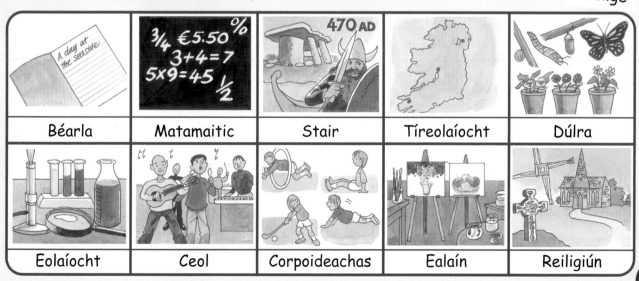

Béarla	Matamaitic	Stair	Tíreolaíocht	Dúlra
Eolaíocht	Ceol	Corpoideachas	Ealaín	Reiligiún

95

G  **Gramadach**   **Caint indíreach**   **Cad a dúirt sé/sí?**
Le Foghlaim

'Chuir Seán a chóta air', arsa Mamaí.	Dúirt Mamaí **gur** chuir Seán a chóta air.
'Thosaigh an sagart ag guí', arsa Colm.	Dúirt Colm **gur** thosaigh an sagart ag guí.
'D'fhéach an bhanaltra ar an teilifís', arsa Dónal.	Dúirt Dónal **gur** fhéach an bhanaltra ar an teilifís.
'D'ith an fiaclóir an t-úll', arsa Siobhán.	Dúirt Siobhán **gur** ith an fiaclóir an t-úll.
'Níor bhris an báibín an cupán', arsa Brian.	Dúirt Brian **nár** bhris an báibín an cupán.
'Níor ól an rúnaí an líomanáid', arsa Máire.	Dúirt Máire **nár** ól an rúnaí an líomanáid.

H **Críochnaigh na habairtí.**   **Cad a dúirt Bócó?**

1. 'Thug Mamó uaireadóir nua dom', arsa Bócó.
   Dúirt Bócó _____ Mamó uaireadóir nua di.
2. 'Cheannaigh an múinteoir an nuachtán', arsa Bócó.
   Dúirt Bócó _____ an múinteoir an nuachtán.
3. 'Thosaigh na páistí ag pleidhcíocht', arsa Bócó.
   Dúirt Bócó _____ na páistí ag pleidhcíocht.
4. 'D'fhéach an rúnaí ar an scannán', arsa Bócó.
   Dúirt Bócó _____ an rúnaí ar an scannán.
5. 'D'éirigh Daideo go moch ar maidin', arsa Bócó.
   Dúirt Bócó _____ Daideo go moch ar maidin.
6. 'Níor thóg an siopadóir an t-airgead', arsa Bócó.
   Dúirt Bócó nár _____ an siopadóir an t-airgead.
7. 'Níor oscail an cailín an mála scoile', arsa Bócó.
   Dúirt Bócó _____ an cailín an mála scoile.

I **Caint is comhrá**

1. An raibh tú riamh déanach don scoil? Cad a tharla?
2. An ndearna tú dearmad ar d'obair bhaile riamh? Cad a tharla?
3. Cén ábhair scoile is maith leat?

J Críochnaigh an scéal.

Déanach don scoil

déanach don scoil   gach lá   i lár na hoíche   Ina dhiaidh sin   d'fhéach mé
ag siúl   stad an bhus   geata na scoile   dhúisigh mé   imithe   roth pollta
i dtrioblóid   ag tafann   an staighre   thit mé   dearmad   eagla an domhain
taibhse   i gcónaí   in aon áit   leithscéal   an garáiste

Tosaíonn an scoil ar a naoi a chlog _____ ____. An tseachtain seo caite bhí mé
_____ ____ _____. Chuaigh mé ar leaba go luath agus _____ ____ i
mo chodladh. Dhúisigh mé __ ____ ___ _____ agus chuala mé Gordó ____
_____. D'éirigh mé agus _____ ____ amach an fhuinneog. Ní raibh
Gordó le feiceáil ____ ____ ____. Go tobann, cheap mé go bhfaca mé
_____. Bhí _____ _ _____ orm. ____ _____ ____, níor
chodail mé go maith. Rinne mé _____ an clog aláraim a chur ar siúl. Nuair
a _____ ____ ar maidin, bhí sé a naoi a chlog. Léim mé as an leaba agus
rith mé síos ____ _____. Chuaigh mé amach go dtí ____ _____. Rug
mé ar mo rothar ach bhí an _____ _____. Rith mé go dtí _____ ____
_____ ach bhí an bus _____. Thosaigh mé ____ _____ ar scoil. Bhí a
fhios agam go raibh mé ____ _____ nuair a chonaic mé an príomhoide ag
_____ ____ _____. 'An bhfuil _____ agat?' arsa an príomhoide.
'Bíonn leithscéal agamsa ___ _____,' a dúirt mé.

K Nod don eolach!

Thosaigh………. + ag _____

Thosaigh mé ag caoineadh.
Thosaigh an garda ag smaoineamh.
Thosaigh an buachaill ag canadh.
Thosaigh an cailín ag léamh.
Thosaigh an Pápa ag guí.
Thosaigh an peileadóir ag imirt peile.

Drámaíocht

Cum dráma beag agus bain úsáid as
na frásaí seo:

- Cén t-am é anois?
- Tá tú déanach.
- Tá brón orm.
- Cén leithscéal atá agat inniu?
- Bhuel...
- Déan deifir.
- Maith thú!

Seanfhocal na Seachtaine: **Mol an óige agus tiocfaidh sí.**

16. Lá gan Éide Scoile

A **Léigh an scéal.**

Lá amháin, nuair a bhí Rossa agus Neasa sa bhaile, thosaigh siad ag féachaint ar an teilifís. Bhí *An Nuacht* ar siúl. Chonaic na páistí pictiúr den ghorta mór san Aifric. Bhí trua ag Neasa agus Rossa do na páistí go léir. Bhí éadaí giobalacha orthu agus bhí cuma an-tanaí orthu freisin. An lá dar gcionn, chuaigh na páistí ar scoil, agus d'inis siad don mhúinteoir faoin ngorta.

Neasa	Bhí mé ag féachaint ar an ngorta ar an teilifís aréir.
Eimear	Chonaic mise an clár sin freisin.
Rossa	Bhí ocras an domhain ar na páistí.
Siobhán	Ní raibh aon bhia acu.
Múinteoir	An féidir linn aon rud a dhéanamh do na daoine bochta sin?
Dónal	Baileoimid airgead ar a son.
Neasa	A mhúinteoir, an bhfuil cead againn *Lá gan Éide Scoile* a bheith againn?
Brian	Comórtas éadaí aisteacha, b'fhéidir.
Cáit	Ba bhreá liomsa seó faisin a chur ar siúl.
Múinteoir	Tá sibh an-chineálta. Beidh vóta againn.

Chaith siad tamall ag caint is ag comhrá. Shocraigh siad ar *Lá gan Éide Scoile* a bheith acu. An Aoine dar gcionn, tháinig siad go léir ar scoil. Chaith Bócó éadaí ildaite agus d'fhéach sí an-ghalánta.

Aoife	Bócó, cá bhfuair tú na héadaí? Tá siad go hálainn.
Bócó	Seo iad mo chuid éadaí féin.
	Caitheann gach duine éadaí mar seo san Aifric.
Rossa	Féachann tú go hiontach.

Shiúil Dónal isteach sa seomra ranga.
Bhí culaith dhubh, léine bhán agus carbhat
dubh air. Bhí a chuid gruaige ag suí go hard ar
a cheann. Cheap sé go raibh sé go hálainn.

Aoife	Féach cé atá ann.
Brian	Máistir na bhfaisean!
Cáit	Is breá liom an stíl ghruaige nua.
Dónal	An oireann sé dom?
Colm	Oireann, cinnte! Féachann tú go hiontach.

Díreach ansin, shiúil fear ard isteach sa rang.
Bhí spéaclaí gréine air agus bhí hata tuí
ar a cheann. Bhí buicéad agus spáid ina lámh
aige. Bhí bríste gearr air agus t-léine dhubh.
Bhí cuaráin ar a chosa.

Dónal	Go bhfóire Dia orainn! Cé hé mo dhuine?
Cáit	Sin é an múinteoir!!

Ag am lóin, bhailigh Dónal agus Siobhán
cúig euro an duine ó na páistí agus ó na
múinteoirí go léir sa seomra foirne. Sar i
bhfad, bhí beagnach míle euro bailithe acu.

Tar éis an lóin, shiúil an múinteoir isteach sa
seomra ranga. Bhí cuairteoir in éineacht leis.
D'inis an cuairteoir scéalta do na páistí faoin saol
san Aifric. Ansin, thaispeáin sí grianghrafanna
dóibh. Dúirt sí leo go raibh sí ag obair mar
bhanaltra in ospidéal agus go raibh a lán daoine
ag fáil bháis den ocras. Thug an múinteoir seic
de mhíle euro don bhanaltra. Thug na páistí
bualadh bos di. Bhí siad breá sásta leo féin ansin.

B Cúpla ceist

1. Cé a bhí ag féachaint ar an teilifís?

   _____

2. Cén áit ina raibh an gorta mór?

   _____

3. An bhfaca an múinteoir an clár faoin ngorta mór?

   _____

4. An raibh vóta ag na páistí?

   _____

5. Céard a chaith Bócó ar an Aoine?

   _____

6. Cén éadaí a bhí ar Dhónal?

   _____

7. Céard a bhí á chaitheamh ag an múinteoir?

   _____

8. Céard a bhí ina lámh aige?

   _____

9. Cé a thaispeáin grianghrafanna do na páistí?

   _____

10. Cé mhéad airgid a bhailigh na páistí?

   _____

C Líon na bearnaí.

Bhailigh	D'inis	Féachann	Dúirt	Shiúil	Thaispeáin

1. _____Féachann_____ na páistí ar an teilifís tar éis an tae.

2. _____ an fiaclóir na grianghrafanna don tseanbhean.

3. _____Shiúil_____ an píolóta amach ar an rúidbhealach um thráthnóna.

4. _____ an peileadóir scéal do Rossa faoin gcluiche i bPáirc an Chrócaigh.

5. _____Bhailigh_____ an feighlí na duilleoga i gclós na scoile inné.

6. _____ an múinteoir go raibh na páistí ag obair go dian.

Maith sibh!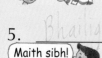

Nathanna Nua

D **Cheap Dónal go raibh a chuid éadaí go hálainn.**

| an sciorta | an aimsir | an scannán | an turas scoile |

1. Cheap _____ go raibh _____ go hálainn.
2. Cheap _____ go raibh _____ go hiontach.
3. Cheap _____ go raibh _____ go huafásach.
4. Cheap _____ go raibh _____ ar fheabhas.

Críochnaigh na habairtí.

5. Cheap _____.
6. Cheap _____.

E Seo leat... **Ní raibh aon bhia acu.**

| leithscéal | am | obair bhaile | sóinseáil | léine ghlan | airgead |

1. Ní raibh aon _____ agam.
   2. Ní raibh aon _____ aige.
3. Ní raibh aon _____ aici.
   4. Ní raibh aon _____ ag an mbeirt acu.
5. Ní raibh aon _____ ag an triúr acu.
   6. Ní raibh aon _____ ag Cáit.

F **Caint is comhrá**

1. Ar bhailigh sibh airgead don scoil riamh?
2. Cé mhéad airgid a bhailigh sibh?   4. An mbailíonn sibh airgead gach bliain?
3. Céard a cheannaigh sibh?   5. Cad ba mhaith libh a cheannach anois?

Abair le Neasa an leabhar a léamh.	Léigh an leabhar.
Abair le Rossa an doras a dhúnadh.	Dún an doras.
Abair le Tomás an fhuinneog a oscailt.	Oscail an fhuinneog.
Abair le Eimear leabhar a thógáil amach.	Tóg amach an leabhar.
Abair le Dónal an t-léine a cheannach.	Ceannaigh an t-léine.
Abair le Cáit an chistin a ghlanadh.	Glan an chistin.
Abair le Siobhán na bláthanna a phiocadh.	Pioc na bláthanna.
Abair le Brian an t-amhrán a chanadh.	Can an t-amhrán.
Abair le Bócó na cóipleabhair a bhailiú.	Bailigh na cóipleabhair.
Abair le Colm na lámha a ní.	Nigh na lámha.
Abair le Niall an t-urlár a scuabadh.	Scuab an t-urlár.
Abair le Daideo an scéal a insint.	Inis an scéal.
Abair le Mamó an teilifís a mhúchadh.	Múch an teilifís.

Abair le Peadar tosú ag obair.	Tosaigh ag obair.
Abair le Ciara seasamh ag an mballa.	Seas ag an mballa.
Abair le Maitiú suí ar an gcathaoir.	Suigh ar an gcathaoir.
Abair le Marcus éirí go luath.	Éirigh go luath.
Abair le Clíona féachaint ar an gclár bán.	Féach ar an gclár bán.
Abair le Séimí éisteacht leis an múinteoir.	Éist leis an múinteoir.
Abair le Máire glaoch ar na gardaí.	Glaoigh ar na gardaí.
Abair le Orla fanacht leis an mbus.	Fan leis an mbus.

Abair le Róisín a bheith go maith.	Bí go maith.
Abair le Tríona an lón a ithe.	Ith an lón.
Abair le Seán an phaidir a rá.	Abair an phaidir.
Abair le Mamaí milseán a thabhairt do Liam.	Tabhair milseán do Liam.
Abair le Daidí an cáca a dhéanamh.	Déan an cáca.
Abair le Cian an t-airgead a fháil.	Faigh an t-airgead.
Abair le Gordó dul abhaile.	Téigh abhaile.
Abair le Guairí teacht anseo.	Tar anseo.

Anois, éist go cúramach leis an dlúthdhiosca.

H Athscríobh na habairtí.

1. ag Mamaí   mar   bhí tuirse orthu.   trua   do na páistí   Bhí

   _____

2. i lár na páirce   lena chairde   inné.   Thosaigh   an peileadóir   ag imirt peile

   _____

3. ag caint   Chaith   Mamó agus Daideo   is ag comhrá.   an oíche

   _____

4. ag taitneamh.   bhí   mar   ar an sagart   an ghrian   spéaclaí gréine   Bhí

   _____

5. ar leathuair tar éis a trí.   síos   agus   na sceallóga   d'ith sí   an píolóta   Shuigh

   _____

6. na cailíní   ag am lóin.   agus   na páipéir   sa chlós   Bhailigh   na buachaillí

   _____

I Críochnaigh na habairtí seo a leanas.

1. Lá amháin _____.

2. Leis sin, _____.

3. An chéad lá eile _____.

4. Ag am lóin _____.

5. Ag deireadh an lae _____.

6. Tar éis an lóin _____.

J Nod don eolach!   Drámaíocht

Bí cúramach – ná déan dearmad!		
Mícheart		**Ceart**
Bhí mé eagla	✗	Bhí eagla orm. ✓
Bhí sé fearg	✗	Bhí fearg air. ✓
Bhí Neasa brón	✗	Bhí brón ar Neasa. ✓
Tá mé buachaill	✗	Is buachaill mé. ✓
Tá mé cailín	✗	Is cailín mé. ✓
Tá sé fear	✗	Is fear é. ✓

Cum dráma beag agus bain úsáid as na frásaí seo:
- An bhfuil cead againn…?
- B'fhéidir…
- Cad a dhéanfaimid?
- Go bhfóire Dia orainn!
- Féach cé atá ann.
- Cé hé mo dhuine?

Seanfhocal na Seachtaine: Aoibhinn beatha an scoláire.

Súil Siar D

1. i dtrioblóid   Bhí   déanach   Tomás   mar   don scoil.   bhí sé

    _____

2. an sagart   cúpla lá ó shin.   Bhí   i lár an locha   ag iascaireacht

    _____

3. an rúnaí   i Meiriceá   Cheannaigh   ag an deireadh seachtaine.   éadaí galánta

    _____

4. i bhfeighil an tí.   Bhí   trína chéile   mar   na páistí   an teach   bhí

    _____

B Scríobh na horduithe.

1. _Seas_____ ar an gcathaoir.   Seasfaidh mé ar an gcathaoir.
2. _____ ort do chóta.   Cuirfidh mé mo chóta orm.
3. _____ an leabhar.   Osclóidh mé an leabhar.
4. _____ uibheacha agus siúcra.   Ceannóidh mé uibheacha agus siúcra.
5. _____ do phaidreacha.   Déarfaidh mé mo phaidreacha.
6. _____ isteach sa teach.   Tiocfaidh mé isteach sa teach.
7. _____ do mhála scoile.   Gheobhaidh mé mo mhála scoile.
8. _____ abhaile.   Rachaidh mé abhaile.

C Scríobh abairtí iontacha.

1. Lá amháin i dtús an earraigh, chuaigh _____

    agus _____.

2. Lá grianmhar i lár an tsamhraidh, bhí _____

    agus _____.

3. Lá gaofar i ndeireadh an fhómhair, tháinig _____

    agus _____.

4. Lá fuar i dtús an gheimhridh, chonaic _____

    agus _____.

D Scríobh an scéal.

Sparán caillte

Breithlá Eimear   sparán nua
áthas an domhain   fiche euro
an t-ionad siopadóireachta   a cara Siobhán

_____
_____
_____
_____
_____
_____

éadaí galánta   dlúthcheirnín   an bheirt acu
sparán   díomá an domhain   in aon áit

_____
_____
_____
_____
_____
_____
_____

Chuardaigh   i dtrioblóid   ar an talamh   bocht!
ní raibh   ag deireadh an lae   sona sásta
abhaile   Go raibh míle maith agat.

_____
_____
_____
_____
_____
_____
_____
_____

17. Ag Sciáil san Iodáil

Bhí an chlann ar saoire sciála san Iodáil. D'éirigh siad go moch ar an gcéad mhaidin. Chuir siad a lán éadaí orthu. Chuaigh siad go dtí bialann ag bun an tsléibhe.

D'ith siad bricfeasta breá folláin. Bhí croissant agus gloine sú oráiste ag na páistí. D'ith Mamaí, Daidí agus Aintín Orla rolla le cáis agus liamhás. Chuir siad úlla, bananaí agus barraí seacláide sna málaí.

Ar aghaidh leo ansin go dtí an scoil sciála. Chuaigh na páistí ar scoil amháin agus chuaigh na daoine fásta ar scoil eile. Chuir siad buataisí sciála orthu agus thosaigh siad ag cleachtadh. Tar éis tamaill bhí siad ábalta sciáil go maith. Bhí an-spórt acu.

Seo é an saol!

Is breá liom a bheith ag sciáil!

Nuair a bhí an rang sciála thart, chuaigh gach éinne ag sciáil le chéile. Shuigh na páistí ar chathaoir amháin agus shuigh na tuismitheoirí ar chathaoir eile. Bhí an ghrian ag taitneamh agus bhí an sliabh bán le sneachta. Suas an sliabh leo go léir.

Nuair a shroich an chlann barr an tsléibhe, thuirling siad de na cathaoireacha. Thosaigh siad ag sciáil. Bhí na páistí ar fheabhas, ach bhí Daidí beagán neirbhíseach. Go tobann, tháinig ceobhrán anuas ar an sliabh. Mhoilligh na páistí.

Féach ormsa!

A leithéid de scil!

Lean Daidí ag sciáil ach ní fhaca sé an crann os a chomhair. Bhuail sé an crann agus chuaigh sé in airde san aer. Thit sé ar an talamh agus d'imigh scí uaidh. Síos an sliabh leis an scí agus síos le Daidí ina dhiaidh. Lean Rossa é.

Faoi dheireadh stop Daidí. Stop Rossa in aice leis. Ní raibh Daidí ábalta teacht den sliabh agus bhí pian ina chos. Ní raibh duine ná deoraí le feiceáil in aon áit. Bhí fón póca ag Rossa agus chuir sé glaoch ar Mhamaí. Ansin thug sé píosa seacláide do Dhaidí. Tar éis cúpla nóiméad, tháinig na gardaí sneachta.

Bí cúramach ag sciáil an chéad uair eile!

Bhí sínteán acu. Chuir siad Daidí ar an sínteán agus ar aghaidh leo síos an sliabh. Bhí Mamaí an-bhuartha ach bhí cos Dhaidí ceart go leor. 'Bí cúramach ag sciáil an chéad uair eile!,' arsa Mamaí. An lá dar gcionn, chuaigh an chlann ag sciáil arís, ach d'fhan siad go léir le chéile. Ag deireadh an lae bhí siad tuirseach traochta, ach sona sásta.

B Cúpla ceist

1. Cén tír ina raibh an chlann ar saoire?

   _____

2. Cén sort bricfeasta a d'ith siad?

   _____

3. Céard a rinne siad sa scoil sciála?

   _____

4. An raibh an aimsir go maith?

   _____where_____

5. Cár thuirling an chlann den chathaoir?

   _____

6. Cén fáth nach bhfaca Daidí an crann?

   _____

7. Cad a tharla don scí?

   _____

8. An raibh aon duine eile le feiceáil?

   _____

9. Cad a bhí cearr le Daidí?

   _____

10. An ndeachaigh Daidí ag sciáil arís?

    _____

C   Cum scéilíní beaga agus scríobh i do chóipleabhar iad.

Scéal 1	Scéal 2
Bhuail Chuir Thuirling	Ní fhaca Shleamhnaigh Thit
Scéal 3	**Scéal 4**
D'imigh Rinne D'ith	D'éirigh Scrúdaigh Ní raibh

Nathanna Nua

D **Nuair a bhí an rang sciála thart, …**

| an cluiche peile | an scannán | an cheolchoirm |

1. Nuair a bhí _____ thart, chuaigh _____

   _____

2. Nuair a bhí  _____ thart, cheannaigh _____

   _____

3. Nuair a bhí _____ thart, d'imigh _____

   _____

E **Seo é an saol!**

Seo é an saol!

Seo é an saol!

Tarraing pictiúr

Seo é an saol!

F **Maidin Domhnaigh**

Maidin Domhnaigh
Carr-chlós folamh
  Mam agus Daid
  fós ina gcodladh
    Pardóga ar mo lámha
    Ar mo ghlúine freisin
      Clogad ar mo cheann
      mar chosaint bhreise

Ag sleamhnú, ag titim,
Mo thóin le gaoth
  Ag casadh, ag díriú
  Ag ardú go réidh
    Ar aghaidh, ar aghaidh
    An ghaoth im' ghruaig
      Ag rollú go healaíonta
      Ar mo lannaí nua
        Maidin Domhnaigh
        Carr-chlós folamh
          Saoirse, saoirse,
          neamh ar talamh!

G **Caint is comhrá**

1. Cá raibh tú ar do laethanta saoire anuraidh?
2. An ndeachaigh tú ag sciáil riamh?
3. Cad é an saoire is fearr a bhí agat riamh?

H Caint indíreach   Cad a dúirt sé/sí?

'Bhí an madra sa ghairdín,' arsa Tomás.	Dúirt Tomás go raibh an madra sa ghairdín.
'Rinne Brian cáca milis,' arsa Tomás.	Dúirt Tomás go ndearna Brian cáca milis.
'Fuair Dónal léine nua,' arsa Tomás.	Dúirt Tomás go bhfuair Dónal léine nua.
'Chuaigh an píolóta abhaile,' arsa Tomás.	Dúirt Tomás go ndeachaigh an píolóta abhaile.
'Chonaic Neasa an scairdeitleán,' arsa Tomás.	Dúirt Tomás go bhfaca Neasa an scairdeitleán.
'Dúirt Eimear a paidreacha,' arsa Tomás.	Dúirt Tomás go ndúirt Eimear a paidreacha.

I Críochnaigh na habairtí   Cad a dúirt Colm?

1. 'Bhí Seán ar scoil,' arsa Colm.
   Dúirt Colm _____ Seán ar scoil.

2. 'Rinne Brian ceapaire folláin,' arsa Colm.
   Dúirt Colm _____ Brian ceapaire folláin.

3. 'Fuair Bócó sciorta nua,' arsa Colm.
   Dúirt Colm _____ Bócó sciorta nua.

4. 'Chuaigh Clíona go dtí an siopa,' arsa Colm.
   Dúirt Colm _____ Clíona go dtí an siopa.

5. 'Chonaic Neasa an coinín,' arsa Colm.
   Dúirt Colm _____ Neasa an coinín.

6. 'Dúirt Rossa a phaidreacha,' arsa Colm.
   Dúirt Colm _____ Rossa a phaidreacha.

7. 'Bhí an feirmeoir sa pháirc,' arsa Colm.
   Dúirt Colm _____ an feirmeoir sa pháirc.

8. 'Rinne sí an obair bhaile,' arsa Colm.
   Dúirt Colm _____ sí an obair bhaile.

9. 'Chonaic Seán an moncaí,' arsa Colm.
   Dúirt Colm _____ Seán an moncaí.

J Fuair Neasa litir ó Giovanni, a cara san Iodáil.

Litir ón Iodáil

Neasa, a chara,
Conas tá tú? Tá súil agam go bhfuil tú féin agus do chlann go maith. Nuair a bhuail
mé leat san Iodáil, bhí an-spórt againn. Bhí an sciáil go hiontach. Ba mhaith liom
cuairt a thabhairt ar Éirinn. Tiocfaidh mo thuismitheoirí in éineacht liom. Ba mhaith
liomsa dul ag snámh agus ba mhaith le mo Dhaidí cluiche gailf a imirt. Ba mhaith le
mo Mhamaí dul ag siopadóireacht. Rachaimid timpeall na hÉireann sa charr. Beidh
an-spórt againn. Tá súil agam go bhfeicfidh mé tú an samhradh seo chugainn. Ciao.

Giovanni

K Líon na bearnaí.

> laethanta saoire   do litir   in éineacht linn   Feicfidh   do chlann   go hálainn
> ar cuairt   a fheiceáil   sa bhaile   linn snámha   Imríonn   ionad siopadóireachta

Giovanni, a chara,

Fuair mé _____ _____ inné. Go raibh míle maith agat. Bhí sé _____ _____
cloisteáil uait. Tá súil agam go bhfuil tú féin agus _____ _____ go maith. Ba
bhreá liom tú _____ _____ nuair a thagann tú go hÉirinn. Beidh mé ar mo
_____ _____ i gCiarraí i mí Iúil ach beidh mé _____ _____ i mí
Lúnasa. An dtiocfaidh tú _____ _____? Rachaimid go dtí an t-_____
_____ sa bhaile mór. Rachaimid go dtí an _____ _____
freisin. Tiocfaidh do Mhamaí _____ _____ _____. _____ mo
Dhaidí galf. Beidh cluiche gailf againn go léir. _____ mé tú i gceann cúpla
mí. Slán go fóill.

Neasa

L Nod don eolach!   Drámaíocht

Abairtí Iontacha Briathar + duine + áit + am. (agus cúpla focal eile freisin) Rith an cailín go dtí an pháirc inné. Fuair an feirmeoir nuachtán sa siopa ar maidin.	Cum dráma beag agus bain úsáid as na frásaí seo: ● Seo é an saol! ● Is breá liom a bheith ag...... ● Bí cúramach an chéad uair eile. ● Féach ormsa.

Seanfhocal na Seachtaine: Is gaire cabhair Dé ná an doras.

18. Sa Bhialann

A  **Léigh an scéal.**

Bialann

> Ar mhaith leat dul go dtí an bhialann nua?
>
> Ba bhréa liom.

Breithlá Mhamaí a bhí ann. Thug Daidí cuireadh do Mhamaí dul amach an tráthnóna sin. Bhí bialann nua sa bhaile mór. Chuaigh an bheirt acu go dtí an bhialann. Bhí áthas orthu ag dul isteach sa bhialann.

Freastalaí	Dia daoibh. Tá fáilte romhaibh.
Mamaí/Daidí	Dia duit! Go raibh maith agat.
Daidí	Ba mhaith linn bord do bheirt, más é do thoil é.
Freastalaí	Ar mhaith libh bord sa chúinne nó bord in aice leis an bhfuinneog?
Mamaí	B'fhearr linn bord sa chúinne, más é do thoil é.
Freastalaí	Cinnte… tar liom. Seo daoibh an biachlár.

D'fhéach Mamaí agus Daidí ar an mbiachlár. Tháinig an freastalaí ar ais tar éis deich nóiméad. Bhí crúiscín uisce ina lámh aige. Dhoirt sé an t-uisce isteach sna gloiní.

Freastalaí	An bhfuil sibh réidh le hordú?
Mamaí	Tá – beidh stéig, glasraí agus prátaí agamsa.
Daidí	Agus beidh iasc, prátaí agus sailéad agamsa, más é do thoil é.
Freastalaí	Ceart go leor – agus ar mhaith libh deoch?
Mamaí	Ba mhaith liomsa crúiscín uisce eile, más é do thoil é.
Daidí	Ba mhaith liomsa gloine sú oráiste – beidh mé ag tiomáint abhaile.
Freastalaí	Maith go leor. Beidh mé ar ais libh i gceann cúpla nóiméad.

Gan mhoill, chuir an freastalaí crúiscín uisce agus gloine sú oráiste ar an mbord. Tar éis fiche nóiméad, tháinig an freastalaí ar ais leis na béilí.

Freastalaí — Seo daoibh na béilí anois.
Stéig don bhean agus iasc don fhear.

Daidí — Go hiontach –
tá ocras an domhain orm.

Freastalaí — Bainigí taitneamh as an mbéile.

Thosaigh Mamaí agus Daidí ag ithe.
Chaith siad an oíche ag caint is ag comhrá.
Nuair a bhí an béile críochnaithe,
tháinig an freastalaí ar ais.

Freastalaí — Ar thaitin an béile libh?

Mamaí — Sea, go deimhin – bhí sé go hálainn.

Daidí — Sea, béile blasta a bhí ann, cinnte.

Freastalaí — Ar mhaith libh milseog a ithe?

Daidí — Beidh an toirtín úll agamsa, más é do thoil é.

Mamaí — Agus beidh uachtar reoite agamsa, le do thoil.

Freastalaí — Ar mhaith libh tae nó caife?

Mamaí — Cupán tae domsa.

Daidí — Bhuel, beidh cupán caife agamsa, mar sin.

Slán abhaile.

Oíche mhaith.

Nuair a bhí siad críochnaithe, ghlaoigh Daidí ar an bhfreastalaí. Tháinig sé gan mhoill.

Daidí — Tá sé in am dúinn dul abhaile.
An bhfuil an bille agat más é do thoil é?

D'íoc Daidí an bille. Thug sé cárta creidmheasa don fhreastalaí. Ansin, chuaigh an bheirt acu abhaile. Bhí siad sona sásta.

Cúpla ceist

1. Cá ndeachaigh Mamaí agus Daidí?

   _____

2. Cén fáth a ndeachaigh siad ann?

   _____

3. Ar thóg siad bord sa chúinne nó in aice leis an bhfuinneog?

   _____

4. Céard a thug an freastalaí do Mhamaí agus do Dhaidí ar dtús?

   _____

5. Cé a phioc an stéig?

   _____

6. An raibh ocras ar an mbeirt acu?

   _____

7. Cén mhilseog a phioc Mamaí?

   _____

8. An raibh cupán tae ag an mbeirt acu?

   _____

9. Conas a d'íoc Daidí as an mbéile?

   _____

10. Ar thaitin an béile leis an mbeirt acu?

    _____

C **Cum scéilíní beaga agus scríobh i do chóipleabhar iad.**

Scéal 1	Scéal 2
Bhí Chaith Chuaigh	Bhí Chuir D'fhéach

Scéal 3	Scéal 4
Dhoirt Ghlaoigh Tháinig	D'íoc Thosaigh Thug

Nathanna Nua

D Seo leat... **i gceann...**

i gceann cúpla nóiméad	i gceann cúpla lá
i gceann cúpla seachtain	i gceann cúpla bliain

1. Rachaimid go dtí an ollscoil _____
2. Beidh an Luas sa chathair _____
3. Beidh Aintín Máire ag teacht ar cuairt _____
4. Beimid ag dul ar saoire _____

E Seo leat... **Seo duit...** **Seo daoibh...**

an sparán   an bille   an tsóinseáil   an biachlár   an cárta creidmheasa   an t-irisleabhar

1. Seo duit _____   4. Seo daoibh _____
2. Seo daoibh _____   5. Seo duit _____
3. Seo duit _____   6. Seo daoibh _____

F Seo leat... **Tá sé in am dúinn...**

dul ar ais   dul abhaile   dul ar scoil   dul a chodladh

1. Tá sé in am _____   3. Tá sé in am _____
2. Tá sé in am _____   4. Tá sé in am _____

G **Caint is comhrá**

1. An maith leat dul amach chuig bialann?
2. Cén saghas béile is maith leat?
3. Cad í an bhialann is fearr leat?
4. An raibh tú i mbialann le déanaí?
5. Céard a d'ith tú?
6. An raibh an béile go deas?

H Caint indíreach   Cad a dúirt sé/sí?

'Ní raibh an madra sa ghairdín,' arsa Tomás.	Dúirt Tomás nach raibh an madra sa ghairdín.
'Ní dhearna Brian cáca milis,' arsa Tomás.	Dúirt Tomás nach ndearna Brian cáca milis.
'Ní bhfuair Dónal léine nua,' arsa Tomás.	Dúirt Tomás nach bhfuair Dónal léine nua.
'Ní dheachaigh an píolóta abhaile,' arsa Tomás.	Dúirt Tomás nach ndeachaigh an píolóta abhaile.
'Ní fhaca Neasa an scairdeitleán,' arsa Tomás.	Dúirt Tomás nach bhfaca Neasa an scairdeitleán.
'Ní dúirt Eimear a paidreacha,' arsa Tomás.	Dúirt Tomás nach ndúirt Eimear a paidreacha.

I Críochnaigh na habairtí   Cad a dúirt Eimear?

1. 'Ní bhfuair Niall hata nua inné,' arsa Eimear.

   Dúirt Eimear _____ Niall hata nua inné.

2. 'Ní dhearna Pól ceapaire inniu,' arsa Eimear.

   Dúirt Eimear _____ Pól ceapaire inniu.

3. 'Ní dheachaigh Mamó ar scoil,' arsa Eimear.

   Dúirt Eimear _____ Mamó ar scoil.

4. 'Ní fhaca Neasa an rothar,' arsa Eimear.

   Dúirt Eimear _____ Neasa an rothar.

5. 'Ní dúirt Cáit dán,' arsa Eimear.

   Dúirt Eimear _____ Cáit dán.

6. 'Ní raibh an madra sa chistin,' arsa Eimear.

   Dúirt Eimear _____ an madra sa chistin.

7. 'Ní dhearna Daidí an lón,' arsa Eimear.

   Dúirt Eimear _____ Daidí an lón.

8 'Ní raibh an Pápa in Éirinn,' arsa Eimear.

   Dúirt Eimear _____ an Pápa in Éirinn.

9. 'Ní fhaca an cailín a peann,' arsa Eimear.

   Dúirt Eimear _____ an cailín a peann.

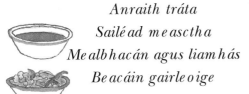

BIACHLÁR

CÉAD CÚRSA

Anraith tráta
Sailéad measctha
Mealbhacán agus liamhás
Beacáin gairleoige

PRÍOMH CHÚRSA

Iasc agus prátaí brúite
Stobhach Gaelach
Turcaí agus liamhás
Cosa loscáin agus sailéad
Lasagne agus arán gairleoige
Borgaire agus sceallóga
Sicín agus rís churaí

GLASRAÍ

Beacáin * *Píseanna*
Cairéid * *Cabáiste*

MILSEOG

Meireang agus sútha talún
Toirtín úll
Traidhfil
Císte seacláide
Rogha uachtair reoite faoi thrí bhlas
Glóthach agus uachtar reoite

DEOCHANNA

Sú oráiste * *Bainne*
Tae nó Caife
Cóc nó Líomanáid

K  **I do chóipleabhar, leag amach béile oiriúnach**
(a) do dhinnéar an lae inniu (b) do dhinnéar le do chairde
(c) do dhinnéar san Eoraip.

L **Nod don eolach!**

An ndearna…? / Cá ndearna…?

Rinne   Ní dhearna

An ndeachaigh…? / Cá ndeachaigh…?

Chuaigh   Ní dheachaigh

An bhfaca…? / Cá bhfaca…?

Chonaic   Ní fhaca

Drámaíocht

Cum dráma beag agus bain úsáid
as na frásaí seo:

- Seo daoibh…
- Ar mhaith libh?
- Ba mhaith/Níor mhaith/
  B'fhearr linn…
- Tá sé in am dúinn dul abhaile.
- An bhfuil sibh réidh le hordú?
- Bainigí taitneamh as…

Seanfhocal na Seachtaine: **Is fearr rith maith ná drochsheasamh.**

19. An Carnabhal

Lá breá brothallach a bhí ann. Bhí carnabhal ar siúl ar imeall an bhaile mhóir ag an deireadh seachtaine. Tar éis an dinnéir, chuaigh Daidí, Mamó agus na páistí go dtí an carnabhal. D'fhan Mamaí agus Daideo sa bhaile le Gordó.

Níl aon eagla ormsa.

Shroich siad an carnabhal ar a trí a chlog. Chonaic siad an traein taibhse ar dtús. Léim Neasa agus Rossa ar an traein. Isteach sa tollán leo. Chonaic siad taibhse agus cnámharlach. Lig Rossa air nach raibh eagla air ach bhí eagla an domhain air.

Bhí sé sin go hiontach!

Táim ar mire.

Nuair a tháinig siad amach, bhí aghaidh Rossa chomh bán le sneachta. Shuigh Clíona agus Séimí ar an roth mór. Timpeall agus timpeall leo. Chroith siad lámh le Daidí agus Mamó. Nuair a tháinig siad anuas bhí an bheirt acu ar mire.

118

Chuaigh Mamó agus Daidí go dtí roth an áidh. Cheannaigh siad cúpla ticéad. Bhuaigh Mamó balún mór agus bhuaigh Daidí teidí beag buí. Leis sin chonaic Neasa agus Rossa na cnapcharranna. Léim siad isteach i gcnapcharr amháin. Léim Daidí agus Clíona isteach i gcnapcharr eile.

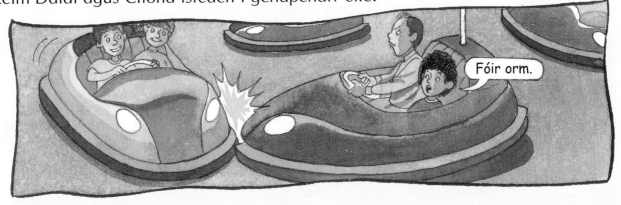

Fóir orm.

Go tobann thosaigh na carranna. Bhí carr amháin á thiomáint ag Rossa agus bhí carr eile á thiomáint ag Daidí. Thiomáin siad timpeall agus timpeall. I ndeireadh na dála bhuail carr Rossa i gcoinne carr Dhaidí. Ní raibh Clíona agus Daidí ró-shásta.

Lig do scíth.

Ansin chuaigh siad suas ar an roth mór arís. Bhí tuirse ar Mhamó. D'fhan Mamó agus Clíona ar an talamh agus d'ith siad uachtar reoite. Tar éis tamaill, stop na carranna. Léim Daidí agus na páistí as na carranna. Chuaigh siad abhaile ar a hocht a chlog. Bhí spórt agus scléip acu go léir.

B Cúpla ceist

1. Cén saghas lae a bhí ann?

   _____

2. Cé a d'fhan sa bhaile?

   _____

3. Cathain a shroich siad an carnabhal?

   _____

4. Ar thaitin an traein taibhse le Neasa agus Rossa?

   _____

5. Cá ndeachaigh Mamó agus Daidí?

   _____

6. Cé a bhuaigh an balún?

   _____

7. Ar léim Mamó isteach sna cnapcharranna?

   _____

8. Cé a bhí sa charr le Daidí?

   _____

9. An raibh tuirse ar na páistí?

   _____

10. Cá raibh Gordó, dar leat?

    _____

C   Cum scéilíní beaga agus scríobh i do chóipleabhar iad.

Scéal 1	Scéal 2
Bhuaigh Cheannaigh Shuigh	Chonaic Chroith Léim
Scéal 3	**Scéal 4**
D'fhan D'inis Lig	Ní raibh Shroich Thiomáin

Nathanna Nua

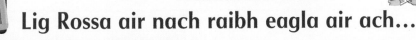

D **Lig Rossa air nach raibh eagla air ach...**
Críochnaigh na habairtí.

1. Lig Dónal air nach raibh aon obair bhaile aige, ach _____.
2. Lig Tríona uirthi go raibh sí tinn, ach _____.
3. Lig Gordó air go raibh sé ina chodladh, ach _____.
4. Lig an múinteoir uirthi go raibh fearg uirthi, ach _____.
5. Lig Rossa air go ndearna sé an cáca milis, ach _____.
6. Lig Neasa uirthi nach raibh sé a cúig a chlog, ach _____.
7. Lig na páistí orthu nach raibh ocras orthu, ach _____.

E **Lig do scíth.**

Lig do scíth.

Lig do scíth.

Tarraing pictiúr

Lig do scíth.

F **Caint is comhrá**

1. An ndeachaigh tú go dtí carnabhal riamh?
2. Ar thaitin sé leat? Cad a thaitin leat ann?
3. An dtagann an sorcas go dtí an baile mór in aice leat?
4. An maith leat an sorcas?
5. Cén saghas lae a bhí ann inné?

G **An Aimsir**

An ghaoth aduaidh bíonn sí crua,
Is cuireann sí gruaim ar dhaoine.

An ghaoth aneas bíonn sí tais,
Is cuireann sí rath ar shíolta.

An ghaoth anoir bíonn sí tirim,
Is cuireann sí sioc istoíche.

An ghaoth aniar bíonn sí fial,
Is cuireann sí iasc i líonta.

H Foghlaim agus críochnaigh na habairtí.

| ar an | faoin | ag an | den | thar an |

1. Sheas an seanfhear _____ doras.
2. Léim an gabhar _____ ngeata.
3. Chuir Daidí subh _____ gcuntar.
4. Thit Humptaí Dumptaí _____ bhalla.
5. Rollaigh an liathróid _____ mbord.

| 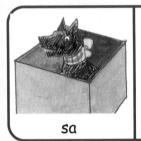 |  |  |  |  |
| sa | as an | in aice | go dtí | in éineacht |

1. Chuaigh na páistí _____ an pháirc.
2. Chuir Tomás an coinín isteach _____ bhosca.
3. Bhí mo chara _____ liom sa siopa.
4. Léim an fear grinn _____ gcarr.
5. Sheas an sagart _____ leis an séipéal.

|  |  |  |  |  |
| timpeall | tríd | trasna | os comhair | taobh thiar |

1. Bhí an madra i bhfolach _____ den chrann.
2. Rith an peileadóir _____ na páirce.
3. Shiúil an sicín _____ an bhóthair.
4. D'eitil an eitleog _____ an aer.
5. Shuigh an cat _____ na tine.

I Líon na bearnaí.

Lá Faoin Tuath

an bheirt acu   sa spéir   liathróid pheile   a bhí ann   ar siúl
amuigh faoin tuath   sa seomra ranga   ina mhála droma   Chuala
ró-shásta   ar scoil   ar an talamh   tuirseach traochta   abhaile
fliuch báite   ocras an domhain   canna cóc   ag stealladh báistí

Lá breá brothallach ____ _____ _____. Bhí an ghrian ag taitneamh go hard
____ _____. Bhí na páistí ag obair go dian ____ _____ _____.
Ní raibh Cian ná a chara Seán ____ _____. Bhí siad ag rothaíocht _____
_____ _____. Bhí _____ _____ ina mhála droma ag Feargal.
Bhí raidió agus picnic ____ _____ _____ ag Seán. Shuigh ____ _____
____ síos cois na habhann. Thóg Seán an phicnic as a mhála. Chuir sé ceapairí
agus cáca seacláide amach ____ ____ _____. Thug sé _____ _____ do
Chian. Chas siad an raidió ____ _____. 'Seo é an saol,' arsa Cian. Leis sin,
las tintreach an spéir. _____ na buachaillí toirneach agus thosaigh sé ____
_____ _____. 'Ar aghaidh linn abhaile,' arsa Seán. Ach, bhí roth
Sheáin pollta. 'Caithfimid siúl _____,' arsa Cian. Ní raibh na buachaillí
_____. Tar éis tamaill, bhí an bheirt acu _____ _____. Bhí na
ceapairí fliuch freisin agus bhí _____ ____ _____ ar na buachaillí.
Nuair a shroich siad an baile mór bhí Seán agus Cian _____ _____.
Go tobann cé a chonaic siad ag teacht timpeall an chúinne ach an múinteoir.
A leithéid de lá!

J Nod don eolach!

Na Briathra Neamhrialta:

Abair   Beir   Bí

Clois   Déan   Faigh   Feic

Ith   Tabhair   Tar   Téigh

Drámaíocht

Cum dráma beag agus bain úsáid as na frásaí seo:
- Bhí sé sin go hiontach!
- Níl aon eagla ormsa!
- Lig do scíth.
- Féach ar…
- Fóir orm!

Seanfhocal na Seachtaine: **Is olc an ghaoth nach séideann do dhuine éigin.**

20. Cuairt an Uachtaráin

Bhí áthas an domhain ar na múinteoirí.
Bhí trí sheomra ranga nua sa scoil.
Bhí halla spóirt agus leabharlann nua ann freisin.
Thug siad cuireadh don Uachtarán teacht ar
cuairt chun an foirgneamh nua a oscailt.

Ar feadh cúpla seachtain roimhe sin,
bhí gach éinne ag ullmhú don chuairt.
Tháinig na tuismitheoirí go dtí an scoil.
Ghlan siad na fuinneoga agus chuir
siad péint nua ar an ngeata.

Bhí na múinteoirí agus na páistí ag
obair ó mhaidin go hoíche. Bhí
gairdín na scoile go hálainn agus
bhí bláthanna de gach sórt ann.
Chroch na páistí maisiúcháin ar na
ballaí. Rinne siad fógra mór agus
chuir siad an fógra ar an mballa os
cionn an dorais.

Fáilte romhat, a Uachtaráin

Múinteoir	Tá an fógra sin ar fheabhas, a pháistí.
Siobhán	Beidh lá iontach againn.
Múinteoir	Beidh cinnte!

Tháinig an lá mór. Dhúisigh Neasa agus Rossa go moch ar maidin. D'fhéach siad
amach an fhuinneog. Bhí sé ag stealladh báistí amuigh! Bhí díomá ar an mbeirt acu.

Neasa	Go bhfóire Dia orainn! Tá sé ag stealladh báistí.
Rossa	Beidh an tUachtarán fliuch báite.
Neasa	Beimid go léir fliuch báite!

Bhí polla mór ag geata na scoile agus bhí bratach na hÉireann ar foluain air. Rinne na páistí ó rang a sé garda onóra don Uachtarán. Bhí na páistí eile ina seasamh sa chlós agus bhí bratach bheag ag gach duine. Ar a deich a chlog, chonaic siad carr an Uachtaráin ag teacht anuas an bóthar. Díreach ansin, stop an bháisteach agus thosaigh an ghrian ag taitneamh. D'fhéach Neasa suas agus chonaic sí bogha báistí sa spéir.

Stop an carr ag geata na scoile. Tháinig an tUachtarán amach as an gcarr agus chuir na múinteoirí fáilte roimpi. Thug na páistí bualadh bos mór di agus chroith siad na bratacha beaga. Bhí fleasc bláthanna ag Dónal. Thug sé an fhleasc don Uachtarán. Bhí áthas an domhain uirthi. D'fhan an tUachtarán sa scoil ar feadh cúpla uair an chloig. Shiúil sí timpeall na scoile agus d'fhéach sí ar an halla spóirt. Ansin, thug sí cuairt ar an leabharlann. Chuaigh sí amach sa ghairdín agus chonaic sí na bláthanna deasa.

Uachtarán	Cé a rinne an obair go léir?
Príomhoide	Rinne na páistí an obair go léir.
Páistí	Chuidigh na múinteoirí linn.

Comhghairdeas!

Labhair an tUachtarán leis na páistí. Dúirt sí go raibh an scoil go hálainn. Ansin ghearr sí an ribín ar an bhfoirgneamh nua. Dúirt an príomhoide go raibh cupán tae sa halla spóirt do gach éinne. D'ól an tUachtarán cupán tae agus d'ith sí cáca milis. Nuair a bhí sí ag dul abhaile thug an tUachtarán bronntanas don mhúinteoir. Bosca leabhar don leabharlann nua a bhí ann!

B **Cúpla ceist**

1. Cé a bhí ag teacht ar cuairt?
   _____

2. Cad iad na seomraí nua a bhí sa scoil?
   _____

3. Céard a rinne na tuismitheoirí sa scoil?
   _____

4. Cár chroch na páistí an fógra?
   _____

5. Nuair a d'éirigh na páistí, cén saghas lae a bhí ann?
   _____

6. Cén rang a rinne an garda onóra?
   _____

7. Cathain a chonaic na páistí carr an Uachtaráin?
   _____

8. Cad a thug Dónal don Uachtarán?
   _____

9. Cad a cheap an tUachtarán faoin ngairdín scoile?
   _____

10. Cén bronntanas a thug an tUachtarán don mhúinteoir?
    _____

C **Cum scéilíní beaga agus scríobh i do chóipleabhar iad.**

Scéal 1	Scéal 2
Bhí D'ith Dúirt	Chuidigh D'ól Ghlan
Scéal 3	**Scéal 4**
Chodail Dhúisigh D'éirigh	Labhair Shiúil Stop

126

Nathanna Nua

D **Beidh lá iontach againn.**

| béile álainn | saoire iontach | scrúdú dian | aimsir uafásach |

1. Beidh _____ againn.
2. Beidh _____ againn.
3. Beidh _____ againn.
4. Beidh _____ againn.

E **Bhí gach éinne ag ullmhú don chuairt.**

| don saoire champála | don scrúdú ceoil | do chuairt an chigire |
| don turas scoile | don chéilí mór |

1. Bhí _____ ag ullmhú _____.
2. Bhí _____ ag ullmhú _____.
3. Bhí _____ ag ullmhú _____.
4. Bhí _____ ag ullmhú _____.
5. Bhí _____ ag ullmhú _____.

F **Foclóir breise**

| i lár an bhóthair | ag bun an tsléibhe | ag barr an tsléibhe | trasna na páirce |
| timpeall na scoile | in aice na tine | os comhair an tí | cois farraige |

G **Caint is comhrá**

1. An bhfaca tú an tUachtarán riamh?
2. An bhfaca tú an Taoiseach riamh?
3. Cé hé/hí Uachtarán na hÉireann?
4. Cé hé/hí Taoiseach na hÉireann?

Le foghlaim

Ordú	Inné	Gach lá	Amárach	Ní raibh mé ábalta
Abair	dúirt	deir	déarfaidh	…a rá
Beir	rug	beireann	béarfaidh	breith …
Bí	bhí	bíonn	beidh	…a bheith…
Clois	chuala	cloiseann	cloisfidh	…a chloisteáil
Déan	rinne	déanann	déanfaidh	…a dhéanamh
Faigh	fuair	faigheann	gheobhaidh	…a fháil
Feic	chonaic	feiceann	feicfidh	…a fheiceáil
Ith	d'ith	itheann	íosfaidh	…a ithe
Tabhair	thug	tugann	tabharfaidh	…a thabhairt
Tar	tháinig	tagann	tiocfaidh	…teacht…
Téigh	chuaigh	téann	rachaidh	…dul…

I **Líon na bearnaí.**

1. _____ mé mo phaidreacha aréir.

2. Ní raibh mé ábalta _____ ar an liathróid.

3. _____ cluiche cispheile ar siúl gach Satharn.

4. _____ mé na héin ag canadh sa ghairdín inné.

5. _____ na páistí an obair bhaile ag an mbord amárach.

6. _____ an peileadóir bróga nua an Satharn seo caite.

7. Ní féidir liom an clár dubh _____.

8 Abair le Séimí an dinnéar _____.

9. _____ mé bronntanas do mo chara maidin amárach.

10. _____ Aintín Máire ar cuairt gach samhradh.

11. _____ mé ar saoire go dtí an Iodáil an bhliain seo chugainn.

J **Cuir na focail seo a leanas in abairtí.**

1. Beidh _____

2. Rinne _____

3. Gheobhaidh _____

4. Téann _____

5. Rachaidh _____

6. D'ith _____

K Athscríobh na habairtí.

1. na cairde   Bhí   ag súgradh   ó mhaidin go hoíche.   ar an trá

_____

2. go hálainn.   an sráidbhaile   go raibh   an cigire   Dúirt

_____

3. timpeall an chúinne.   na páistí   Chonaic   ag teacht   carr an mhúinteora

_____

4. ag teacht   an t-easpag   ar cuairt   don Chóineartú.   Bhí

_____

5. ag stealladh báistí   bhí   ar maidin.   agus   fliuch báite   an garda   Thosaigh sé

_____

L Labhair an Teanga Ghaeilge

Ó labhair an teanga Ghaeilge liom,
  A chuid mo chroí is a stór,
An teanga a labhair mo mháthair liom,
  In Éirinn ghlas fadó.
'Sí teanga bhinn ár sinsear í,
  An chaint is milse glór:
Ó labhair an teanga Ghaeilge liom,
  Is bain dem' chroí an brón.

Ó labhair an teanga Ghaeilge liom,
  'Sí teanga cheart na nGael:
An teanga bhinn is ársa 'tá
  Le fáil ar fud an tsaoil.
A stór mo chroí is beannacht ort,
  A chailín óig gan cháim,
Cá bhfuil sa saol aon teanga mar
  Ár dteanga féin le fáil?

Ní fios cé a chum

M Nod don eolach!

Ná déan dearmad!

Ná húsáid dhá bhriathar le chéile:

Bhí sé ceannaigh	✗	Cheannaigh sé ✓
Bhí sí chuaigh	✗	Chuaigh sí ✓

Drámaíocht

Cum dráma beag agus bain úsái
as na frásaí seo:
- Beidh lá álainn agai
- Beimid fliuch báit
- Tá sé ag stealla
- Bain taitnea
- Comhgha

Seanfhocal na Seachtaine: Is glas iad na cnoic i bhfa

Súil Siar E

A Crosfhocail.

Trasna:

1.
4.
9.
11.
12.
14.
15.
16.

Síos:

1.
2.
3.
5.
6. _____ snámha
7.
8.
10. _____
13. _____

B **Líon na bearnaí.**

cois   in aice   barr   trasna   bun   os comhair

_____ an locha.

_____ an dorais.

_____ na fuinneoige.

... na seasamh ag _____ an staighre.

_____ na tine.

... all _____ na páirce.

... us shiúil

_____ an bhóthair.

... meoir ina sheasamh ag _____ an chnoic.

129

C **Scríobh an scéal.**

Lá Cois Farraige

Lá amháin i dtús an tsamhraidh   culaith shnámha
go moch ar maidin   tuáille   Shroich siad an trá
an ghrian   an spéir   liathróid   an-spórt

_____

_____

_____

_____

_____

_____

picnic   ceapairí   flaigín tae   cannaí oráiste
gaineamh   ar fud na háite   ag tóraíocht

_____

_____

_____

_____

_____

_____

_____

Chaith siad an tráthnóna   uachtar reoite
ina luí   ag snámh   Daidí bocht!
scáth gréine   sona sásta   ag deireadh an lae
tuirseach traochta   Seo é an saol!

_____

_____

_____

_____

_____

BRIATHRA – AN AIMSIR CHAITE
AN CHÉAD RÉIMNIÚ

Sheas mé suas.

Shuigh mé síos.

- Bhain mé – I took
- Bhrúigh mé – I pushed/pressed
- Bhuaigh mé – I won
- Bhuail mé – I hit
- Bhris mé – I broke
- Chaill mé – I lost
- Chaith mé – I threw/spent/wore
- Chan mé – I sang
- Chaoch mé – I winked
- Chas mé – I turned
- Cheap mé – I thought
- Chíor mé – I combed
- Chroith mé – I shook
- Chroch mé – I hung
- Chrom mé – I bent down
- Chuir mé – I put
- D'éist mé – I listened
- D'fhág mé – I left
- D'fhan mé – I waited
- D'fhéach mé – I looked
- D'íoc mé – I paid
- D'ól mé – I drank
- Dhíol mé – I sold
- Dhoirt mé – I spilled
- Dhún mé – I closed
- Ghearr mé – I cut
- Ghlac mé – I accepted
- Ghlan mé – I cleaned
- Ghlaoigh mé – I rang/ called
- Ghoid mé – I stole

- Ghléas mé – I dressed
- Labhair mé – I spoke
- Las mé – I lit
- Leag mé – I knocked
- Lean mé – I followed
- Léigh mé – I read
- Léim mé – I jumped
- Lig mé – I allowed/let
- Líon mé – I filled
- Luigh mé – I lay
- Mhúch mé – I extinguished
- Nigh mé – I washed
- Phioc mé – I picked
- Phléasc mé – I burst
- Phreab mé – I bounced/jumped
- Rith mé – I ran
- Sciorr mé – I slipped/skidded
- Scread mé – I screamed
- Scríobh mé – I wrote
- Scuab mé – I brushed
- Sheas mé – I stood
- Shéid mé – I blew
- Shiúil mé – I walked
- Shroich mé – I reached
- Shuigh mé – I sat
- Stop mé – I stopped
- Stróic mé – I tore/ripped
- Theip orm – I failed
- Thit mé – I fell
- Thóg mé – I took

BRIATHRA – AN AIMSIR CHAITE
AN DARA RÉIMNIÚ

- Bhailigh mé – I collected
- Bhrostaigh mé – I hurried
- Cheannaigh mé – I bought
- Chleachtaigh mé – I practised
- Chodail mé – I slept
- Chríochnaigh mé – I finished
- Chuardaigh mé – I searched
- Chuidigh mé – I helped
- D'ardaigh mé – I raised
- D'éalaigh mé – I escaped
- D'éirigh mé – I got up
- D'eitil mé – I flew
- D'fhoghlaim mé – I learned
- D'imigh mé – I went
- D'inis mé – I told
- D'oscail mé – I opened
- D'ullmhaigh mé – I prepared

- Dhúisigh mé – I awoke
- Ghortaigh mé – I hurt
- Mharaigh mé – I killed
- Mhoilligh mé – I slowed down/delayed
- Rothaigh mé – I cycled
- Scrúdaigh mé – I examined
- Shínigh mé – I signed
- Shleamhnaigh mé – I slipped
- Shocraigh mé – I settled
- Thaitin ... liom – I liked
- Thaispeáin mé – I showed
- Tharraing mé – I pulled/drew
- Theastaigh ... uaim – I wanted
- Thiomáin mé – I drove
- Thosaigh mé – I started
- Thriomaigh mé – I dried
- Thuirling mé – I descended

NA BRIATHRA NEAMHRIALTA

- Bhí mé – I was
- Chonaic mé – I saw
- Dúirt mé – I said
- Fuair mé – I got
- Rinne mé – I did/made
- Chuaigh mé – I went
- Chuala mé – I heard
- D'ith mé – I ate
- Rug mé – I grabbed/caught
- Tháinig mé – I came
- Thug mé – I gave

Ní raibh mé – I wasn't
Ní fhaca mé – I didn't see
Ní dúirt mé – I didn't say
Ní bhfuair mé – I didn't get
Ní dhearna mé – I didn't do/make
Ní dheachaigh mé – I didn't go
Níor chuala mé – I didn't hear
Níor ith mé – I didn't eat
Níor rug mé – I didn't grab/catch
Níor tháinig mé – I didn't come
Níor thug mé – I didn't give

AIMSIR

fuar	=	cold		scamallach	=	cloudy
fliuch	=	wet		ceomhar	=	foggy
te	=	warm		stoirmiúil	=	stormy
tirim	=	dry		ag cur seaca	=	freezing
gaofar	=	windy		ag cur sneachta	=	snowing
breá	=	fine		ag cur báistí	=	raining
tais	=	damp		tintreach	=	lightning
grianmhar	=	sunny		toirneach	=	thunder

UIMHREACHA

UIMHREACHA		BUNUIMHREACHA	DAOINE	ORDUIMHREACHA
1	a haon	...amháin	duine	an chéad
2	a dó	dhá chóta	beirt	an dara
3	a trí	trí chóta	triúr	an tríú
4	a ceathair	ceithre chóta	ceathrar	an ceathrú
5	a cúig	cúig chóta	cúigear	an cúigiú
6	a sé	sé chóta	seisear	an séú
7	a seacht	seacht gcóta	seachtar	an seachtú
8	a hocht	ocht gcóta	ochtar	an t-ochtú
9	a naoi	naoi gcóta	naonúr	an naoú
10	a deich	deich gcóta	deichniúr	an deichiú

NA SÉASÚIR

An t-earrach
Feabhra
Márta
Aibreán

An samhradh
Bealtaine
Meitheamh
Iúil

An fómhar
Lúnasa
Meán Fómhair
Deireadh Fómhair

An geimhreadh
Samhain
Nollaig
Eanáir

mo (my) –	+h	ár (our) –	+ urú
do (your) –	+h	bhur (your) –	+ urú
a (his) –	+h	a (their) –	+ urú
a (her) –	—		

AIDIACHT SHEALBHACH

	bróga	cóta	dinnéar	gairdín	póca	teach
mé	mo bhróga	mo chóta	mo dhinnéar	mo ghairdín	mo phóca	mo theach
tú	do bhróga	do chóta	do dhinnéar	do ghairdín	do phóca	do theach
sé	a bhróga	a chóta	a dhinnéar	a ghairdín	a phóca	a theach
sí	a bróga	a cóta	a dinnéar	a gairdín	a póca	a teach
sinn	ár mbróga	ár gcótaí	ár ndinnéar	ár ngairdín	ár bpócaí	ár dteach
sibh	bhur mbróga	bhur gcótaí	bhur ndinnéar	bhur ngairdín	bhur bpócaí	bhur dteach
siad	a mbróga	a gcótaí	a ndinnéar	a ngairdín	a bpócaí	a dteach

FORAINM RÉAMHFHOCLACH

	le	ar	do	ag	ó	de
mé (me)	liom	orm	dom	agam	uaim	díom
tú (you)	leat	ort	duit	agat	uait	díot
sé (he)	leis	air	dó	aige	uaidh	de
sí (she)	léi	uirthi	di	aici	uaithi	di
sinn (us)	linn	orainn	dúinn	againn	uainn	dínn
sibh (you)	libh	oraibh	daoibh	agaibh	uaibh	díbh
siad (them)	leo	orthu	dóibh	acu	uathu	díobh

ag siúl	~ walking	ag ithe	~ eating
ag rith	~ running	ag ól	~ drinking
ag caint	~ talking	ag tafann	~ barking
ag gáire	~ laughing	ag iascaireacht	~ fishing
ag obair	~ working	ag imirt peile	~ playing football
ag súgradh	~ playing	ag iománaíocht	~ hurling
ag léamh	~ reading	ag guí	~ praying
ag scríobh	~ writing	ag troid	~ fighting
ag scuabadh	~ sweeping	ag rásaíocht	~ racing
ag seinm	~ playing (music)	ag pleidhcíocht	~ messing
ag glanadh	~ cleaning	ag léim	~ jumping
ag gearradh	~ cutting	ag damhsa/rince	~ dancing
ag déanamh	~ making/doing	ag canadh	~ singing
ag teacht	~ coming	ag titim	~ falling
ag dul	~ going	ag smaoineamh	~ thinking
ag rá	~ saying	ag cócaireacht	~ cooking
ag éisteacht	~ listening	ag ceannach	~ buying
ag caoineadh	~ crying	ag caitheamh	~ throwing/wearing
ag tiomáint	~ driving	ag fáil	~ getting
ag rothaíocht	~ cycling	ag tabhairt	~ giving
ag marcaíocht	~ riding	ag féachaint	~ looking
ag oscailt	~ opening	ag dúnadh	~ closing

AIDIACHTAÍ BRIATHRA

scríofa	~ written	gearrtha	~ cut
glanta	~ cleaned	críochnaithe	~ finished
déanta	~ done	oscailte	~ opened
imithe	~ gone	ólta	~ drunk
léite	~ read	dúnta	~ closed
nite	~ cleaned	ceannaithe	~ bought
buailte	~ beaten	faighte	~ received
ite	~ eaten	briste	~ broken

CEISTEANNA

Cé? – Who?	Céard? – What?
Cén fáth? – Why?	Cad? – What?
Cá? / Cár? – Where?	Conas? – How?
Cathain? – When?	Cén chaoi? – How?
Cén t-am? – At what time?	Cé mhéad? – How much? / How many?

CEISTEANNA agus FREAGRAÍ = QUESTIONS and ANSWERS

An **bhfuil** tú ...?	**Tá** mé (Táim)	**Níl** mé (Nílim)
An **raibh** tú ...?	**Bhí** mé	Ní **raibh** mé

?	?	✓	✗
Did he break...?	= Ar bhris sé?	Bhris sé	Níor bhris sé
Did he cut...?	= Ar ghearr sé?	Ghearr sé	Níor ghearr sé
Did he fall...?	= Ar thit sé?	Thit sé	Níor thit sé
Did he come...?	= Ar tháinig sé?	Tháinig sé	Níor tháinig sé
Did he hear...?	= Ar chuala sé?	Chuala sé	Níor chuala sé
Did he buy...?	= Ar cheannaigh sé?	Cheannaigh sé	Níor cheannaigh sé
Did he hurt...?	= Ar ghortaigh sé?	Ghortaigh sé	Níor ghortaigh sé

?	?	✓	✗
Did he get up?	= Ar éirigh sé?	**D'**éirigh sé	Níor éirigh sé
Did he eat?	= Ar ith sé?	**D'**ith sé	Níor ith sé
Did he open?	= Ar oscail sé?	**D'**oscail sé	Níor oscail sé

NA BRIATHRA NEAMHRIALTA

?	?	✓	✗
Is he?	= An bhfuil sé?	Tá sé	Níl sé
Was he?	= An raibh sé?	Bhí sé	Ní raibh sé
Did he see?	= An bhfaca sé?	Chonaic sé	Ní fhaca sé
Did he make/do?	= An ndearna sé?	Rinne sé	Níl dhearna sé
Did he go?	= An ndeachaigh sé?	Chuaigh sé	Ní dheachaigh sé
Did he get?	= An bhfuair sé?	Fuair sé	Ní bhfuair sé
Did he say?	= An ndúirt sé?	Dúirt sé	Ní dúirt sé

ABAIRTÍ

BRIATHAR

Bhain	Ghléas	Bhailigh
Bhí	Ghoid	Cheannaigh
Bhrúigh	Labhair	Chleachtaigh
Bhuaigh	Las	Chodail
Bhuail	Leag	Chonaic
Bhris	Lean	Chríochnaigh
Chaill	Léigh	Chuaigh
Chaith	Léim	Chuardaigh
Chan	Lig	Chuidigh
Chaoch	Líon	D'ardaigh
Chas	Luigh	D'éirigh
Cheap	Mhúch	D'eitil
Chíor	Nigh	D'fhoghlaim
Chroith	Phioc	D'imigh
Chroch	Phléasc	D'inis
Chrom	Phreab	D'oscail
Chuala	Rinne	D'ullmhaigh
Chuir	Rith	Dhúisigh
D'éist	Rug	Ghortaigh
D'fhág	Sciorr	Mharaigh
D'fhan	Scread	Mhoilligh
D'fhéach	Scríobh	Rothaigh
D'ith	Scuab	Scrúdaigh
D'ól	Sheas	Shleamhnaigh
D'íoc	Shéid	Shocraigh
Dhíol	Shiúil	Thaispeáin
Dhoirt	Shroich	Tháinig
Dhún	Shuigh	Thaitin
Dúirt	Stop	Tharraing
Fuair	Stróic	Theastaigh ... uaim
Ghearr	Theip	Thiomáin
Ghlac	Thit	Thosaigh
Ghlan	Thóg	Thriomaigh
Ghlaoigh	Thug	Thuirling

DUINE

an cailín
an buachaill
an fear óg
an bhean óg
an seanfhear
an tseanbhean
na páistí
an chlann
an múinteoir
an príomhoide
an dochtúir
an bhanaltra
an t-aeróstach
an píolóta
an saighdiúir
an garda
an gadaí
an sagart
fear an bhainne
bean an phoist
an feighlí
an rúnaí
an peileadóir
an feirmeoir
an fiaclóir
an gruagaire
an freastalaí
an siopadóir
an ceannaire
an tiománaí
an t-innealtóir
an t-ealaíontóir
an rang
an cúntóir ranga

Chuaigh   an dochtúir   go dtí   Nua Eabhrac   inné.

D'ól   an fiaclóir   cupán caife   sa seomra foirne   ag meán lae.

IONTACHA

FOCLÓIR BREISE

an
go dtí
agus
mar
nuair a
an cupán
an doras
obair bhaile
mór
ag rith
ag caint
ar an
den
áthas
fearg
liom
aige
isteach
bocht
an scoil
an teilifís
brioscaí
bronntanas
milseáin
crúiscín
na bláthanna
an ríomhaire
an leabhar
an ceapaire
an liathróid
an litir
an fhuinneog
an doras
cupán caife
subh
rothar nua
sa

+ ÁIT

scoil
baile
teach
páirc
clós
garáiste
siopa
conchró
gairdín
banc
séipéal
caisleán
baile mór
cathair
caife
bialann
leabharlann
pictiúrlann
teach ósta
linn snámha
bunscoil
meánscoil
seomra ranga
seomra foirne
linn snámha
campa
    eachtraíochta
stiúideo teilifíse
cistin
halla
seomra suí
seomra bia
seomra codlata
seomra folctha

leithreas
amharclann
aerfort
oifig
ospidéal
ollscoil
ollmhargadh
ionad
    siopadóireachta
ionad spóirt
árasán
thuas staighre
thíos staighre
faoin staighre
oifig an phoist
stáisiún na ngardaí
staisiún na traenach
cearnóg an bhaile
Páirc an Chrócaigh
Baile Átha Cliath
Nua Eabhrac
faoin tuath
feirm
bóthar
An Luas
trá
margadh
stad an bhus
soilse tráchta
carnabhal
cois farraige
cois na tine

+ AM

inné
gach lá
inniu
amárach
ar maidin
anocht
aréir
um thráthnóna
lá amháin
maidin amháin
tráthnóna amháin
oíche amháin
ag am bricfeasta
ag am lóin
ag am dinnéir
ag am tae
ag am codlata
tar éis tamaill
ag an deireadh
    seachtaine
cúpla lá ó shin
ar a haon a chlog
go moch ar
    maidin
i lár an lae
ag deireadh an
    lae
go déanach san
    oíche
an tseachtain seo
    caite
an tseachtain seo
    chugainn
ag meán lae
ag meán oíche

DÁN NA ᴍBRIATHRA NEAMHRIALTA

(1 – Aimsir chaite 2 – Aimsir láithreach 3 – Aimsir fháistineach)

ROSSA (1)

Fuair Rossa íde béil ó Mham
Ar leathuair tar éis a seacht,
Rug sé ar an liathróid
Agus **tháinig** sé isteach.
Rinne Daidí cáca,
Thug sé é do Rossa.
D'ith Rossa é go sásta
Is **bhí** a bholg lán.
Chonaic Rossa a Mham ag teacht
Agus **chuala** sé í.
Dúirt sé a phaidreacha
Agus **chuaigh** sé a luí.

ROSSA (2)

Faigheann Rossa íde béil ó Mham
Ar leathuair tar éis a seacht,
Beireann sé ar an liathróid
Agus **tagann** sé isteach.
Déanann Daidí cáca,
Tugann sé é do Rossa.
Itheann Rossa é go sásta
Is **bíonn** a bholg lán.
Feiceann Rossa a Mham ag teacht
Agus **cloiseann** sé í.
Deir sé a phaidreacha
Agus **téann** sé a luí.

ROSSA (3)

Gheobhaidh Rossa íde béil ó Mham
Ar leathuair tar éis a seacht,
Béarfaidh sé ar an liathróid
Agus **tiocfaidh** sé isteach.
Déanfaidh Daidí cáca,
Tabharfaidh sé é do Rossa.
Íosfaidh Rossa é go sásta
Is **beidh** a bholg lán.
Feicfidh Rossa a Mham ag teacht
Agus **cloisfidh** sé í.
Déarfaidh sé a phaidreacha
Agus **rachaidh** sé a luí.